DENTRO DO SEGREDO

A marca FSC® é a garantia de que a madeira utilizada na fabricação do papel deste livro provém de florestas que foram gerenciadas de maneira ambientalmente correta, socialmente justa e economicamente viável, além de outras fontes de origem controlada.

josé luís peixoto

Dentro do segredo

Uma viagem pela Coreia do Norte

Copyright © 2012 José Luís Peixoto e Quetzal Editores

A editora manteve a grafia vigente em Portugal, observando as regras do Acordo Ortográfico da Língua Portuguesa de 1990.

Capa
Tamires Cordeiro

Foto de capa
© Eric Lafforgue

Revisão
Huendel Viana
Valquiria Della Pozza

Dados Internacionais de Catalogação na Publicação (CIP)
(Câmara Brasileira do Livro, SP, Brasil)

Peixoto, José Luís
  Dentro do segredo : uma viagem pela Coreia do Norte / José Luís Peixoto — 1ª ed. — São Paulo : Companhia das Letras, 2014.

ISBN 978-85-359-2472-5

1. Peixoto, José Luís, 1974 — Viagens — Coreia (Norte) 2. Coreia (Norte) — Descrição e viagens I. Título.

14-06508   CDD-910.4

Índice para catálogo sistemático:
1. Relatos de viagens   910.4

[2014]
Todos os direitos desta edição reservados à
EDITORA SCHWARCZ S.A.
Rua Bandeira Paulista, 702, cj. 32
04532-002 — São Paulo — SP
Telefone: (11) 3707-3500
Fax: (11) 3707-3501
www.companhiadasletras.com.br
www.blogdacompanhia.com.br

Pois é lá possível que, andando tu na minha companhia há tanto tempo, ainda não tenhas dado conta que todas as coisas dos cavaleiros andantes se apresentam às avessas, isto é, como quimeras, necedades e desatinos? Não porque seja assim, mas porque a cada passo se entremete connosco uma caterva de encantadores que mudam, trocam e invertem tudo a seu bel-prazer, segundo têm em mente ser-nos úteis ou nocivos.

Miguel de Cervantes, *D. Quixote de La Mancha*

Eu entendia o ódio com que o guarda da alfândega me olhava. Era um oficial de farda nova e completa, botas engraxadas, patentes brilhantes, talvez sessenta anos, talvez pai de alguém da minha idade. O compartimento tinha quatro lugares. A minha mala estava sobre a cama de cima, à esquerda. Eu estava à espera no corredor do comboio, entre toda a gente que também esperava. Quando chegou a minha vez, entrei. Ele estava de pé, a segurar o meu passaporte aberto à sua frente, como se me comparasse com a fotografia mas sem olhar para ela, apenas a fixar-me, severo, de ferro.

O seu olhar punha o meu corpo inteiro em tensão. Eu entendia essa tensão. Ali, significava ordem. Esse era também o motivo para o aparente ódio, ou desprezo, com que me olhava. Afinal, não era ódio, era disciplina.

Eu entendia a disciplina com que o guarda da alfândega me olhava.

Mas esse momento não podia durar para sempre. Houve um instante em que baixou o olhar sobre o passaporte. Sei que a minha fotografia lhe sorriu, mas não notei qualquer reação no seu rosto. Naquela parte da Ásia, um sorriso pode exprimir algo muito diferente do que me fez sorrir quando andava a tratar do passaporte. Com frequência, um sorriso pode nascer do desconforto, do embaraço ou, até, do sofrimento. O guarda não estava sequer próximo de sorrir.

De repente, nas minhas costas, entrou outro guarda. Disse qualquer coisa séria. Este era mais baixo, tinha uma farda idêntica, também oficial, mas, notava-se pela maneira como falava e como ouvia, de um posto inferior. O compartimento era pequeno para estarmos os três de pé. Eles falavam através de mim. Nesse momento, eu estava muito habituado ao som do coreano, conhecia bem a sua música mas, mesmo assim, aquelas palavras esculpidas, cheias de arestas, causavam uma sensação desagradável ao atravessar-me. Eram palavras ríspidas, espécie de arame farpado.

Precisei então de olhar pela janela do comboio. Como se baixasse a cabeça sob a conversa dos dois guardas, olhei para a estação deserta de Sinuiju, onde estávamos parados havia mais de uma hora. Eram quase quatro e meia de uma tarde cinzenta, céu coberto por cinzento opaco. Não chovia.

Às 10h10 em ponto, o comboio tinha partido da estação de Pyongyang. Antes dessa hora, desse minuto, os altifalantes, lá no alto, foram despejando um fundo de marchas militares sobre a multidão. Essas marchas eram como um gás que se respirava, diluía-se no ar, misturava-se com as vozes avulsas das pessoas que enchiam a estação. O comboio parado brilhava como um acontecimento solene, pintado de fresco, com carruagens verdes e outras azuis e brancas. Em todas elas, o brasão de armas da Coreia do Norte, de cores vivas e polidas: no horizonte do brasão, o monte Paektu, com uma enorme estrela vermelha no céu; por baixo, uma central hidroelétrica, com uma barragem e um poste de alta tensão; de lado, folhas de arroz e, por baixo, uma fita vermelha, com caracteres do alfabeto *hangul* a dizerem: "República Democrática Popular da Coreia". Na chapa das carruagens, o brasão parecia de metal grosso, talvez chumbo. Às vezes, o comboio apitava como se estivesse a experimentar a buzina.

Ao longo da estação, as pessoas reparavam apenas naquilo que as rodeava diretamente. Usavam as suas melhores roupas, limpas e passadas com perfeição absoluta. Em grupos de quatro, cinco, seis, conversavam. Não eram indivíduos comuns, daqueles que a essa hora caminhavam pelos passeios ou avançavam de bicicleta pelas estradas de Pyongyang, estes iam viajar para a China ou vinham despedir-se de pessoas que iam viajar para a China. Faziam parte de muito poucos. Eram alguém que tinha autorização para sair do país ou conheciam alguém próximo nessa situação.

Quem estivesse fora destas condições não teria sequer podido entrar na estação, teria ficado retido no primeiro controlo de documentos.

Já dentro do comboio, depois de saber qual era o meu compartimento, sentei-me à janela e afastei a cortina. Havia uma pequena mesa com uma toalha de pano, boa para pousar o cotovelo. Foi o que fiz. Entre as pessoas lá fora, reparei num menino de dez ou onze anos a chorar. Camisa branca, lenço vermelho à volta do colarinho, calças acima da cintura, orelhas grandes, a chorar. Os adultos que estavam à sua volta consolavam-no. Sobretudo um homem, que talvez fosse seu pai, e que lhe pousava as mãos sobre os ombros, ou lhe fazia festas no cabelo, ou lhe limpava o rosto com um lenço. E o menino continuava a chorar, olhando para o comboio. Senti esta imagem. Há demasiado tempo que não falava com os meus filhos. Custava-me imaginar que eles pudessem estar a chorar assim.

Esse era um dos motivos que me faziam ter vontade que o comboio partisse. Logo depois da fronteira, ser-me-ia devolvido o telemóvel. Naquela manhã, já quase tinha esquecido a possibilidade permanente de contacto que o telemóvel faz sentir: a segurança de uma linha invisível entre nós e aqueles de que precisamos. Não se pode entrar com telemóveis na Coreia do Norte. Todos os estrangeiros, sem exceção, têm de entregar o telemóvel às autoridades, que o guardam até à saída. Mesmo que, como no meu caso, se entre numa fronteira e se deixe o país por outra a centenas de quilómetros. Quando um estrangeiro chega à Coreia do Norte, a data e as condições da saída estão completamente previstas. Não há espaço para improvisos ou mudanças de planos. Por isso, o telemóvel e outros pertences proibidos no país serão entregues nas datas e nas localizações estipuladas à partida. Nos primeiros dias, havia o pânico repentino de o ter perdido, era agudo, vinha do nada. Depois, como se acordasse a meio de um pesadelo, lembrava-me do pequeno saco de plástico onde o deixei e onde escrevi o meu nome. Havia ocasiões também em que me parecia senti-lo a vibrar, ia com as mãos aos bolsos, procurava-o em vão durante alguns segundos até voltar a lembrar-me da chegada e do saquinho de plástico. Durante alguns dias, o fantasma do telemóvel foi como uma perna amputada onde ainda se sente comichão.

 À hora marcada, o comboio partiu. Mesmo depois de ganhar balanço, seguia tão lentamente que, muitas vezes, parecia mesmo que ia parar. Passava por cenas não muito diferentes daquelas que tinha visto nas semanas anteriores. As pessoas que estavam a cavar os campos endireitavam o tronco e ficavam a contemplar o comboio grande, a sua importância. As crianças corriam, tentando acompanhar a velocidade da máquina, desfiando um novelo estridente de entusiasmo. O comboio apitava quase sem parar, como se quisesse dizer alguma coisa importante mas a garganta não funcionasse e só fosse capaz daquele vagido rouco.

 Os americanos que viajaram connosco não puderam ir de comboio, foram obrigados a ir de avião. Não entendi o motivo. Não passamos por nada que, naquele momento, nos fosse desconhecido e que fizesse sentido esconder do olhar dos americanos ou, se houve, não vi. Mas os três americanos que viajaram connosco tiveram de apanhar um avião direto para Pequim.

Já todos sabíamos que não podíamos tirar fotografias durante a viagem. Não era preciso perguntar, tinha sido sempre assim. Quando nos deslocávamos, nunca se podia fotografar. Era fácil ouvir na cabeça a voz da guia a repetir-nos dezenas de vezes por dia, com sotaque coreano:
No pictures, please.
Mas o comboio deslizava com tanto vagar, era uma despedida tão lenta e tão longa. Eu ia sentado na cama, a fazer o caminho de costas e, por isso, quando alguma coisa aparecia na janela, só a podia ver a afastar-se, irremediável e irreversível, a afastar-se. Seria preciso uma insensibilidade completa à nostalgia para ser capaz de lhe resistir naquelas condições. Tirei algumas fotografias.

Porque estariam dois chineses a bater num peixe seco com uma garrafa vazia de cerveja? Ao atravessar o corredor de várias carruagens, cruzei-me com chineses a palitarem os dentes, a jogarem cartas, a dormirem ou a cortarem as unhas. Na maioria dos compartimentos, havia caixas de plástico abertas com todo o tipo de comidas. Os chineses estavam quase sempre descalços. Tinham quase sempre a planta dos pés a descamar.

Até à carruagem-restaurante, só passei por estrangeiros: alguns ocidentais que iam na mesma viagem que eu, e que conhecia, e muitos chineses, homens de negócios, em trabalho, habituados àquela viagem. Para ver uma carruagem com coreanos, precisei de atravessar várias, depois a carruagem-restaurante e, por fim, espreitar por uma pequena janela baça: com pouca iluminação, entre paredes castanhas, atravessada por filas de bancos compridos, ocupados por dezenas de pessoas carregadas de bagagem; e a fotografia de Kim Il-sung ao lado da fotografia de Kim Jong-il, muito sérios, lá ao fundo, no topo.

Fitas garridas de flores de plástico, com folhas de plástico, atravessavam uma das paredes da carruagem-restaurante. Ou porque tinham calor, ou porque não se queriam sujar, ou porque os fazia sentir mais descontraídos, os militares tinham os botões do uniforme abertos e, enquanto comiam, ficavam apenas com o branco da camisola interior a tapar-lhes o peito. Depois de comerem, podiam adormecer no lugar onde estavam sentados. Esse era o caso de um que dormia com a cabeça e os braços largados sobre uma mesa, muito bêbado, a cheirar a bêbado, com o cotovelo dentro de um pratinho com pepinos às rodelas. Às vezes, resmungava sozinho e continuava a dormir. Os homens das outras mesas olhavam para ele e riam-se. Se o tentavam acordar, ele dizia umas palavras enroladas, riam-se de novo e deixavam-no estar. Só insistiram mesmo em acordá-lo quando chegaram três estrangeiros que viajavam no meu grupo e que não tinham onde se sentar. Ele ia para resmungar, mas explicaram-lhe baixinho, ao ouvido, e ele levantou-se imediatamente e, sem protestos, saiu a cambalear.

Os estrangeiros podiam comer por cinco euros uma refeição morna que era trazida em muitos pratinhos: pratinho de frango desfiado, pratinho de *kimchi*, pratinho de vegetais cozidos, tigela de arroz branco etc. A bebida era paga à parte e nunca havia troco que chegasse. As contas eram acertadas com garrafas de água ou com pastilhas, cortadas à tesoura de lâminas de chiclete. Eram pastilhas velhas, moles, que se desfaziam.

A carruagem-restaurante tinha grandes janelas, com cortinas feias, mas estimadas, arranjadinhas. Então, podia estar a acertar com uma porção de arroz na boca quando via uma passagem de nível, devagar, na janela. Invariavelmente, o guarda estava em sentido, como uma estátua a suportar a passagem do comboio, com o olhar imóvel num ponto e uma bandeirinha amarela enrolada, esticada à sua frente. As estações, onde o comboio parava ou não, tinham sempre uma enorme fotografia de Kim Il-sung no ponto mais alto. Essas fotografias ficavam no lugar onde me parecia que, normalmente, deveria estar o relógio da estação. Assim, era como se Kim Il-sung medisse o tempo.

Na estação de Sinuiju, o tempo parecia suspenso. Regressou à sua velocidade quando o segundo guarda saiu. E voltei com o olhar ao interior do compartimento. E voltou o silêncio, marcado ainda pela memória do som repetido do comboio a avançar pelos carris, o ritmo. O guarda continuou a ver o passaporte e, com um sotaque que mantinha apenas os traços essenciais da palavra, disse:

Portugal.

Não fui capaz de entender o significado do tom que escolheu. Talvez estivesse a querer dizer que eu estava muito longe de casa, talvez estivesse a querer dizer que já tinha ouvido falar no nome do país, talvez estivesse apenas a querer pronunciá-lo.

Cedo, na madrugada desse dia, em Pyongyang, fiz a mala a pensar que, de certeza, iria ser examinada ao detalhe. Na véspera, tinham-me assustado com a descrição do rigor com que as bagagens eram revistadas à saída do país. Além disso, eu sabia que se um fiscal quer encontrar algo com que implicar, não precisa de procurar muito e encontra sempre. É assim em qualquer parte do mundo. Quem fiscaliza tem demasiado poder nos olhos. Se disser que viu, ninguém pode contradizê-lo.

Esse receio, ali, era multiplicado por um número desconhecido. Eu estava na Coreia do Norte.

Depois, o guarda olhou para mim e, em inglês, disse:

Camera.

A minha pele cobriu-se de uma camada fina de eletricidade durante o tempo necessário para levar a mão ao bolso do casaco e lhe estender a máquina fotográfica.

Eu sempre soube que havia a possibilidade de quererem ver a máquina. Tinha sido avisado mil vezes, mas, ao longo do tempo, tinha acabado por fotografar muito mais do que era permitido. Era fácil e tentador fazê-lo: a minha máquina era pequena e silenciosa. Tive o cuidado de deixá-la de modo a que, quando fosse ligada, começasse a ver-se uma sequência de fotografias legítimas, consentidas e encorajadas pelos guias, tiradas na véspera, junto de um monumento em Pyongyang. Mas eu sabia que, se continuasse a ver, o guarda acabaria por encontrar muitas que não tinham sido autorizadas, tiradas às escondidas, ao mesmo tempo que a guia dizia:

No pictures, please.

Aquilo que eu não sabia era quais poderiam ser as consequências se o guarda apanhasse essas fotografias. E não saber era muito pior do que saber porque, assim, acabava por imaginar. E eu estava na Coreia do Norte.

A respiração. No silêncio, na presença íntima que partilhávamos naquele compartimento apertado, tive medo que o meu coração se ouvisse a bater. Dentro de mim, esse era o único som que se ouvia.

O guarda segurou a máquina com as duas mãos, ligou-a com a ponta do dedo. Notava-se que estava habituado a mexer em aparelhos como aquele. E começou a passar as fotografias uma a uma, sem pressa.

O seu rosto refletia as cores luminosas do ecrã.

Pouco mais de um ano antes, eu estava em Los Angeles. Às vezes, tenho medo de estar a criar uma distância insuperável entre mim e as pessoas que me são queridas. O perigo não é a distância física, os milhares de quilómetros que muitas vezes nos separam, o perigo é deixarmos de nos entender. Mesmo ausentes, continuamos a existir em todos os momentos. Calculo a diferença horária e lembro-me das pessoas que me são queridas, telefono à minha família, mas os lugares onde estou, aquilo que ouço e aprendo é muito diferente dos lugares onde eles estão, daquilo que ouvem e aprendem. A experiência que temos do mundo diverge cada vez mais. Utilizamos palavras, são as mesmas, mas têm significados diferentes.

Tenho medo de deixar de entender a minha mãe, tenho medo que ela deixe de me entender a mim. Encontramo-nos na cozinha da casa da minha irmã, ou em almoços de domingo, ou no Natal. Falamos ao telefone:
    Está tudo bem?

Cá vamos andando, responde ela e respondo eu. O que significa aquilo que não dizemos?

Tenho medo que os meus filhos nunca cheguem a entender aquilo que lhes conto quando ficamos em silêncio, quando o tempo passa e estamos juntos, no mesmo lugar, eu a conduzir em viagens longas com horizonte e eles, ao meu lado, a olharem pela janela, ou quando é fim da tarde, também com horizonte, em silêncio.

Eu já sentia este medo nos primeiros meses de 2011, quando estava em Los Angeles e falava com o meu filho mais novo pelo Skype. Mas, nessa altura, ainda não sabia reconhecê-lo, ainda não sabia explicá-lo por palavras a mim próprio. Nesse tempo, a oito horas de diferença, quando falava com o meu filho de manhã, já tinha começado outra noite de Inverno para ele. Eu aproximava-me do parapeito, apontava a câmara do computador pela janela e ele ia assistindo à evolução da pintura de um enorme mural que estavam a fazer numa das faces de um prédio do Wilshire Boulevard. Era o corpo inteiro de uma mulher com dezenas de metros de altura. Os trabalhadores, pendurados em andaimes, iam avançando com a pintura aos poucos e, em dias sucessivos, o meu filho ia-se surpreendendo com as pernas até aos joelhos, e um braço, e outro, e o contorno do rosto até à ocasião em que estava completa e, sem que ela pudesse imaginar, era contemplada a mais de 9 mil quilómetros de distância por um menino de seis anos através do Skype.

Então, quando desligávamos, ele estava quase pronto para ir dormir e eu saía para a rua e estava na *Koreatown*. Era hora de almoço. À frente do hotel, no outro lado da estrada, havia um ginásio de *taekwondo* com uma grande vitrina e que, a essa hora, costumava ter grupos de senhoras com mais de setenta anos a fazerem movimentos sincronizados, muito lentos e graciosos, ao som de música coreana. Depois, se fosse para a esquerda, havia restaurantes de churrascos coreanos, onde se podia comer até ser capaz por dez dólares, havia supermercados coreanos, cabeleireiros coreanos etc. Se fosse para a direita, havia restaurantes de churrascos coreanos, onde se podia comer até ser capaz por dez dólares, havia lojas coreanas de eletrodomésticos, bancos coreanos etc. Os passeios de cimento, ao sol, eram atravessados por coreanos de todas as idades e cheiravam sempre a churrasco.

Foi também nessa altura que conheci o Chiwan. Participámos juntos numa leitura pública em Glendale. Ele leu poemas dos seus livros e eu li algumas passagens das edições em inglês dos meus romances. O Chiwan foi a primeira pessoa de origem coreana que alguma vez conheci. Os seus pais fugiram da Coreia do Norte. Com ele ainda criança, tinha cinco anos, foram para o Paraguai, ficando aí durante outros cinco anos, até irem para Los Angeles, onde se estabeleceram. Mais de trinta anos depois, ainda não falam inglês.

Desde essa leitura em Glendale, temo-nos mantido em contacto e, ao longo deste tempo, falamos de vários assuntos, entre os quais a sua origem coreana e a forma como, durante a adolescência, se revoltou contra ela, recusando os costumes coreanos. Mais tarde, no primeiro ano da universidade, em 1989, regressou à península da Coreia pela primeira vez desde a infância. Em Seul, sentiu o impacto de estar numa cidade onde todas as pessoas tinham a sua aparência.

Para mim, talvez a decisão de visitar a Coreia do Norte tenha nascido do desejo de estar num lugar onde nenhuma pessoa tivesse a minha aparência. Ou talvez não. Certo é que foi em Los Angeles, a umas impressionantes dezasseis horas de diferença horária de Pyongyang, num bairro enfeitado por letreiros luminosos em coreano, muito longe e muito perto, que decidi iniciar a minha tentativa de ir à Coreia do Norte.

Mesmo. Ir à Coreia do Norte mesmo.

Quando tomei essa decisão, respirei fundo. Adormeci a pensar nisso e acordei a pensar nisso. No dia seguinte, só pensei nisso.

Mas o meu interesse pela Coreia do Norte não começou nesse dia. Desde há muito tempo que sentia curiosidade por sociedades fechadas e sistemas políticos totalitários. A frase anterior pode facilmente ser mal interpretada. Por isso, há uma afirmação que gostaria de fazer duas vezes:

1. Sou contra todos os regimes totalitários e ditaduras.
2. Sou contra todos os regimes totalitários e ditaduras.

Se for necessário, não terei qualquer problema de fazer esta afirmação pela terceira vez. Por agora, parece-me que estas duas vezes são claras e suficientes.

Sempre dirigi esta minha curiosidade no sentido de tentar perceber o quotidiano de quem vive nessas sociedades. Há alguns anos, este interesse pouco comum levou-me a prestar uma atenção detalhada à Bielorrússia.

Nessa época, acompanhava algumas páginas da internet em inglês e em francês, onde conseguia ler notícias do país, dadas tanto pela situação como pela oposição. Em certa altura, comecei a seguir um fórum virtual onde só se discutiam questões ligadas à Bielorrússia. Muitas das pessoas que aí colocavam mensagens estavam no país, por isso, decidi afixar nesse fórum um pequeno apelo onde me apresentava e exprimia a minha vontade de receber informação sobre literatura contemporânea bielorrussa e, também, a minha vontade de trocar correspondência com escritores bielorrussos.

Na primeira semana, na segunda, na terceira, ninguém respondeu. Continuei a seguir as notícias das páginas da internet que já seguia, a ler alguns livros sobre o país e esqueci o assunto.

Passados uns seis meses, de repente, recebi cerca de uns cinquenta e-mails vindos de escritores e de professores de literatura da Bielorrússia.

Não consegui manter correspondência com todos, mas troquei e-mails com alguns. Um deles explicou-me que tinha lido a minha mensagem no jornal *Respublika*, o órgão oficial do governo da Bielorrússia. Tentando desmentir a ideia de ostracismo internacional face ao regime de Lukashenko, algum propagandista resolveu publicar as minhas palavras num dos jornais de maior tiragem e divulgação, como que dizendo: "Vejam, este estrangeiro interessa-se pelo nosso país".

Essa troca de e-mails durou anos e terminou sem explicação, como muitas vezes terminam as trocas de e-mails. Ao longo desse período, foram traduzidos e publicados dois livros meus pela Universidade de Minsk, tendo um deles sido de leitura obrigatória durante alguns anos. Era na primavera que costumavam chegar as questões de alunos bielorrussos que estavam a fazer trabalhos sobre esse romance.

Além disso, fiquei com esta história para contar, que ilustra um pouco a dedicação que coloco nestes passatempos que vivencio sozinho, sem partilhar até com aqueles que me são próximos porque, quando o fiz, recebi sempre falta de entusiasmo, que compreendo. Sei ver que estar em Portugal, não ter nenhuma ligação pessoal à Bielorrússia e, no entanto, ouvir a música, seguir as notícias e ir ver o boletim meteorológico de Minsk diariamente é um comportamento algo excêntrico.

Quando decidi que tentaria ir à Coreia do Norte, já tinha lido três ou quatro livros sobre o país. Mal tomei a decisão, comecei a ler tudo o que consegui encontrar nas línguas que entendo, a ver todos os documentários que consegui reunir e, de cada vez que escutava alguma referência ao país, a dirigir-lhe toda a minha atenção.

A Coreia do Norte é o país mais isolado do mundo. Esta é, normalmente, a primeira informação que todos os livros dão sobre a Coreia do Norte.

Esta característica faz com que, ainda hoje, se lhe chame "o reino eremita", nome dado ao Grande Império Coreano, sucessor da dinastia Joseon, após esta ter governado o território durante cerca de cinco séculos. O Império, grande, durou bastante menos tempo. Proclamado em outubro de 1897, terminou com a anexação da península como protetorado japonês, em agosto de 1910. A ocupação colonial representou um sofrimento humilhante para o povo coreano. Atualmente, um dos poucos aspectos em que se está de acordo a norte e a sul é o carácter forçado e violento da ocupação japonesa, com abusos aos mais diversos níveis. A censura chegou mesmo à proibição do uso da língua coreana, assim como do seu alfabeto, o *hangul*. Em 1925, foi criado o Comité de Compilação da História Coreana, que se ocupou com a reescrita da história da Coreia, construindo uma versão que justificasse a presença japonesa. Durante este período, pelas contas mais conservadoras, foram levados 100 mil artefactos históricos da Coreia para o Japão, onde ainda permanecem. Este processo de reescrita foi secundado pela destruição e alteração de livros e documentos, assim como pela destruição, reestruturação ou mesmo mudança de lugar de monumentos inteiros, incluindo alguns templos, palácios, túmulos e estátuas. Canções e poemas, entre os quais textos de Seo Jeong-ju, o mais aclamado poeta coreano do século xx, foram revistos no sentido de exaltarem o império japonês e negarem a identidade coreana. Estas campanhas continuadas de supressão cultural resultaram na desumanização dos coreanos aos olhos dos japoneses, o que se repercutiu em abusos de crueldade extrema.

 Após o bombardeamento de Hiroxima e de Nagasáqui, o Japão rendeu-se aos aliados em agosto de 1945 e, nesse mesmo momento, terminou o seu domínio sobre a Coreia. No mês seguinte, as tropas americanas chegaram ao sul da península. O Exército soviético, acompanhado por grupos comunistas coreanos, estava já em algumas áreas do norte. Numa reunião de emergência, com vista a determinar esferas de influência, o coronel americano Dean Rusk propôs ao general soviético Chischakov a criação de uma fronteira no paralelo 38. Essa passou a ser a linha de divisão entre a Coreia do Sul e do Norte.

Em 1948, houve uma tentativa malsucedida de levar a cabo eleições em toda a península. O paralelo 38 fortaleceu-se como fronteira com as diferenças de regime: socialista a norte, capitalista a sul. Disputas armadas e pontuais foram acontecendo ao longo dessa linha, a tensão foi-se acumulando até que, num ato de guerra aberta, forças do norte atravessaram a fronteira, invadindo território do sul a 25 de junho de 1950. Esse foi o início de um dos mais sangrentos conflitos do século xx, repleto de massacres de civis, crimes de guerra e execuções em massa. A Coreia do Sul contou com o apoio de armamento e tropas internacionais, nomeadamente mais de 1,5 milhão de soldados americanos.

Em 1953, terminaram os confrontos, seguidos de retirada para o respectivo lado da fronteira, mas as tréguas nunca foram assinadas. Formalmente, as duas Coreias continuam em guerra.

Este é o resumo mínimo de algo que será sempre maior do que aquilo que uma só pessoa pode compreender, por mais livros que leia.

Entretanto: *Kim Il-sung 100th Birthday Ultimate Mega Tour* (*Ultimate Option*).

Este era o nome da possibilidade que escolhi e que era oferecida por uma empresa, com escritório em Pequim, cuja principal atividade era a organização de viagens para a Coreia do Norte. Em abril de 2012, seria o centésimo aniversário de Kim Il-sung, falecido em 1994. Esperava-se que as comemorações fossem suntuosas e, também por esse motivo, o governo norte-coreano iria permitir uma visita extraordinariamente extensa, *ultimate mega,* de quinze dias. Durante esse período, para lá dos festejos e de todos os monumentos e lugares mais emblemáticos da Coreia, fazia parte do itinerário a passagem por algumas cidades pouco visitadas e, mesmo, por algumas fábricas onde nunca tinham entrado estrangeiros.

Uma alternativa que também considerei teria lugar durante a celebração dos setenta anos de Kim Jong-il, em fevereiro de 2012, e seria levada a cabo pela Associação de Amizade com a Coreia, uma instituição promovida diretamente pelo próprio Estado norte-coreano. Teria uma duração também longa, dez dias. A grande desvantagem era, justamente, a ligação ao Estado. Pelo que tinha lido sobre o país, contava ter de calar as minhas opiniões com frequência, sempre, mas fazer uma viagem que, segundo a página da internet, seria "a única garantia para manter comércio efetivo e bem-sucedido com o governo" e em que seria tratado como "um amigo da República Popular Democrática da Coreia" era demasiado para mim, não era *ultimate mega*.

Os aniversários dos dois líderes que o país teve desde a guerra. Em 2012, o pai faria cem anos e o filho, setenta.

Em 1979, foi publicado um livro em Pyongyang chamado *Acerca das palavras honoríficas aplicáveis ao grande líder camarada Kim Il-sung, e o uso correto de expressões com referência ao grande líder*. Nesse livro, foram compiladas e organizadas algumas formas de tratamento de Kim Il-sung. A mais utilizada desde sempre é "grande líder", seguida de muitas outras como "líder paternal", "líder eterno", "pai da nação", "general sempre vitorioso" ou, também muito popular, "sol da humanidade".

Existe também uma lista extensa de nomes pelos quais se trata Kim Jong-il, o mais usado é "querido líder", mas também pode ser tratado frequentemente por "comandante supremo", "amado general", "estrela orientadora" ou "estrela brilhante do monte Paektu".

Gosto especialmente desta última porque me recorda a história do seu nascimento. Segundo a sua biografia oficial, Kim Jong-il nasceu numa cabana no monte Paektu, a elevação mais alta do território e, nesse momento, uma estrela cadente atravessou os céus e transformou o inverno em verão, surgindo no ar um bem definido arco-íris duplo. Exatamente, um arco-íris duplo.

O grande líder nasceu no ano *Juche* 1, o querido líder nasceu no ano *Juche* 30. Foi em 1997, *Juche* 86, que o governo decidiu adotar um novo calendário, o calendário *Juche* cujo primeiro ano, *Juche* 1, foi 1912. Ou seja, o ano em que Kim Il-sung nasceu, como se o tempo tivesse começado com ele.

Outro argumento a favor de visitar a Coreia do Norte nessa data: estaria presente na primeira passagem de século *Juche*. E a festa, de certeza, não seria menor pela falta de presença do aniversariante. Por um lado, o seu corpo continua embalsamado em Pyongyang num enorme mausoléu que, antes, era o escritório onde trabalhava. Por outro lado, foi inscrito na Constituição do país como seu Presidente Eterno. Ou seja, legalmente, não morre e não morrerá.

Mas a Kim Jong-il, seu filho e sucessor, nunca faltaram cargos. Ao secretário-geral do Partido dos Trabalhadores da Coreia, presidente da Comissão de Defesa Nacional da Coreia e líder supremo da República Democrática Popular da Coreia também não faltaram proezas. Uma das minhas preferidas aconteceu na inauguração do primeiro campo de golfe de Pyongyang. Kim Jong-il nunca tinha jogado e decidiu experimentar. Precisou apenas de uma tacada para cada um dos onze buracos do campo. Na linguagem do golfe, chama-se *hole in one*. Kim Jong-il conseguiu fazer onze consecutivos. Os seus dezassete guarda-costas, assim como alguns quadros superiores, foram os únicos que testemunharam essa façanha e garantiram, ainda garantem se calhar, que foi mesmo assim. Mais, no final, o querido líder desinteressou-se por esse desporto demasiado fácil e não voltou a jogar.

Enquanto planeava a viagem, eu lia exemplos destes e imaginava como poderia ser a realidade daquele que via referido como o maior culto de personalidade da história do mundo. Além disso, lembrava-me bem das imagens que me tinham impressionado nos anos 1990, durante o luto coletivo do país aquando da morte de Kim Il-sung, o grande líder: milhares e milhares de pessoas a chorarem pelas ruas, compulsivamente, sem conseguirem conter-se.

Comecei a tratar de tudo. A viagem foi bastante cara. Paguei a primeira metade através de uma transferência bancária para a China. Fiz um passaporte novo, para não levar o antigo, com carimbos de entradas nos Estados Unidos. E, durante esse tempo, não contei a ninguém. Deu-me prazer e serenidade ter um segredo desse tamanho, levava-o comigo para todo o lado, passeava-o como se empurrasse um carrinho de bebé.

Em dezembro de 2011, no dia 19, estava em Galveias, a vila onde nasci, estava na casa da minha mãe e soube pela televisão que Kim Jong-il tinha morrido há dois dias. Choque/surpresa, que não consegui esconder da minha mãe. Esse foi o início da sua preocupação.

Nesse dia, fiquei bastante perturbado com a notícia. Ninguém sabia o que iria acontecer. Tinha medo que pudesse haver algum problema quando estivesse lá. Eu imaginava que, em caso de conflito, num país como a Coreia do Norte, os estrangeiros poderiam facilmente tornar-se reféns. Sabia também que ditaduras imprevisíveis como esta, muitas vezes, quando fragilizadas, levam a cabo demonstrações de força perante a comunidade internacional. Eu não queria estar no meio disso, tenho dois filhos. Estes e outros pensamentos afligiram-me. Em Galveias, numa vila com cerca de mil habitantes no interior do Alto Alentejo, havia uma pessoa muito preocupada com a morte de Kim Jong-il, em Pyongyang.

No dia seguinte, chegou um e-mail de Pequim, a informar que não sabiam mais do que as notícias da imprensa internacional. As fronteiras do país estavam completamente fechadas e ninguém estava disponível para falar com eles. Naquele momento, não havia qualquer certeza acerca da viagem. Se as condições não estivessem reunidas e as autorizações não fossem dadas, iria ser reembolsado. Houve alturas em que desejei que isso acontecesse.

Enquanto toda a gente ainda apreciava os presentes de Natal, experimentava pijamas novos, eu seguia na internet as imagens do desfile fúnebre de Kim Jong-il nas ruas de Pyongyang, um carro a avançar sobre a neve, devagar, com um caixão no tejadilho, entre carros em fila, a levarem enormes coroas de flores, bandeiras, fotografias de Kim Jong-il, diante de formações geométricas de milhares de soldados em sentido e diante de multidões intermináveis de pessoas a chorarem descontroladamente. Dentro de poucos meses, eu estaria naquelas ruas.

Kim Jong-un, filho de Kim Jong-il, neto de Kim Il-sung, foi apresentado como o "Grande Sucessor" no canal coreano de televisão, sendo proclamado como líder supremo do país logo após o funeral do pai. Pouco se sabia sobre ele. Sabia-se que tinha estudado na Suíça durante algum tempo, mas desconhecia-se a sua idade e toda a gente ainda se estava a habituar à sua figura.

A pouco mais de um mês da partida, recebi um e-mail de Pequim, onde me era dito que não podiam confirmar que o itinerário fosse cumprido. Ao mesmo tempo, os vistos para entrar na Coreia do Norte ainda não estavam aprovados e não podiam ser garantidos. Assim, se quisesse, davam-me a possibilidade de desistir naquele momento. Seria reembolsado integralmente. Só não me reembolsavam o sonho que tinha alimentado e que adiaria sem data. Se aceitasse, arriscava-me a fazer uma viagem completamente diferente da que tinha escolhido ou a não entrar sequer na Coreia do Norte. Eu receava que me recusassem o visto, que fizessem uma busca rápida no Google e não gostassem dos resultados. Mas já era tarde para desistir. Enviei um e-mail a dizer que contassem comigo. No dia marcado, estaria em Pequim, pronto para partir.

Comprei o bilhete de avião sem saber se iria mesmo fazer a viagem que esperava ou se ia ficar com duas semanas livres, na China, sem nada planeado.

Na véspera de levantar voo, apenas tinha contado à minha mãe e às minhas irmãs. O resto das pessoas achava que ia para a China, mas não estranhou porque sabiam que, no ano anterior, eu tinha estado em Pequim, em Xangai e em Xian; de um modo geral, também sabia que, havia apenas dois meses, tinha estado em Macau.

Despedi-me dos meus filhos sem lhes dizer que ia para a Coreia do Norte. Talvez erradamente, achei que não iam entender. Custou-me.

Estaria duas semanas inteiras sem qualquer acesso à internet ou ao meu telemóvel. Incontactável. Por isso, perante assuntos pendentes, quando alguém insistia em saber como me alcançar durante esse período, eu dizia que ia estar no interior rural da China, num lugar sem comunicações e, antes de desenvolver muito, tentava mudar de assunto.

Não era 100% mentira, só uns 88% talvez. Eu ia efetivamente à China. Nos quatro dias que passei em Pequim, falei em universidades para centenas de alunos chineses de português, conheci duas pessoas que estavam a traduzir textos meus para mandarim e dei várias entrevistas, tanto para órgãos de comunicação chineses como para correspondentes portugueses em Pequim. Foi uma dessas jornalistas portuguesas que mais estranhou as respostas evasivas em relação à minha estadia em Pequim. A ela, que vivia há muitos anos na China, eu não podia dizer que ia estar no interior rural. Quando me perguntasse onde, não saberia o que responder; quando me perguntasse o que ia lá fazer, idem; quando me perguntasse o que quer que fosse, sempre idem. Por isso, disse-lhe que só iria estar quatro dias na China. Estranhou e continuou a fazer perguntas. Esquivei-me como pude e, em algum momento, deixei escapar que talvez regressasse daí a poucas semanas. Estranhou ainda mais. A minha única saída foi ser antipático e evitá-la. Se ela estiver a ler isto, estará a compreender agora o que aconteceu.

Por esses dias, abril de 2012, os canais internacionais de notícias falavam da Coreia do Norte de hora a hora. Na estação de lançamento de satélites de Sohae, em Tongchang-ri, havia um foguete apontado ao céu, preparado para ser lançado a qualquer momento. Os Estados Unidos, a Coreia do Sul e o Japão afirmavam que se tratava de testes na área da tecnologia nuclear, com o objetivo de enviar mísseis de longo alcance. A Coreia do Norte negava essas acusações e recusava as exigências dos Estados Unidos, dizendo que o foguete apenas transportava um satélite civil, que visava celebrar o centenário de Kim Il-sung. Não eram conhecidas a data e a hora em que seria lançado o foguete.

Acabou por ser no início da manhã de uma sexta-feira, na véspera da minha partida para Pyongyang. Nessa tarde, haveria uma reunião com aqueles que iriam viajar no dia seguinte. Quando acordei, vi pela janela a imagem baça de Pequim. Liguei a televisão e fiquei a saber que, após noventa segundos de voo, o foguete explodiu em mais de vinte pedaços, que caíram sobre o mar Amarelo. Ao contrário do que todos previam, a Coreia do Norte admitiu o fracasso técnico do lançamento e a notícia foi transmitida no próprio país.

Os táxis de Pequim não abrandam quando, ao longe, veem uma coluna de pessoas que atravessa a estrada. Podem estar na passadeira, podem ser idosos a coxear ou crianças de mão dada com os irmãos mais velhos, tanto faz, os táxis de Pequim não mudam de direção, não abrandam, só apitam. Nessa altura, eu ainda não me tinha refeito do *jet lag*. O sol estava morninho. Embalado pelo ronco do motor, eu adormecia em poucos minutos no banco de trás de qualquer táxi. As vozes dos locutores chineses de rádio entravam-me pelos sonhos adentro.

Já tentara imaginar muitas vezes como seriam as pessoas que iam fazer aquela viagem comigo. As vagas tinham sido preenchidas quando faltavam mais de seis meses para a partida. Agora, por fim, ali estavam à minha frente. Uma mulher com quem tinha trocado e-mails sobre a viagem, dúvidas, detalhes, mandou-nos entrar para uma sala com cadeiras de pau. Éramos vinte e poucos. Afinal, não pareciam muito diferentes de mim: eram quase todos homens, apenas três mulheres, e tinham mais ou menos a minha idade, um pouco mais ou um pouco menos de 37 anos. Eram de várias partes do mundo, de Inglaterra, da Austrália, da Nova Zelândia, três dos Estados Unidos e alguns, como eu, vinham sozinhos de diversos países. Aparentemente, eram grandes conhecedores da Coreia do Norte. Enquanto esperávamos, ouvi um perguntar a outro:

Falas coreano há quanto tempo?

A mulher apresentou-se, foi então que reconheci o seu nome dos e-mails, disse que nos iria acompanhar ao longo de toda a viagem e começou a dar informações que parecia já ter repetido muitas vezes antes. Explicou que íamos andar sempre acompanhados por dois guias norte-coreanos, que nunca podíamos estar sem eles em nenhum lugar e que não devíamos sob pretexto algum afastar--nos sem autorização, porque podíamos causar problemas muito sérios aos guias. Devíamos também acatar todos os seus pedidos, nomeadamente no que tocava a tirar fotografias e a filmar. As limitações para fotografar eram grandes e para filmar eram ainda maiores. Sobre este aspecto, pediu que tomássemos cuidado no momento de fotografar estátuas ou imagens dos líderes, pediu que nunca lhes cortássemos partes do corpo. Os líderes deveriam sempre ser retratados de corpo inteiro, dos pés à cabeça. Se não o fizéssemos e se alguma autoridade nos pedisse para mostrar as fotografias, poderia haver aborrecimentos.

Explicou também que, no avião, nos iam dar um jornal em inglês, chamado The Pyongyang Times. Esse jornal tem sempre a imagem de um dos líderes na capa: Kim Il-sung, Kim Jong-il ou o atual Kim Jong-un. Então, demonstrando com um exemplar do jornal, ensinou-nos a forma de dobrá-lo sem dobrar a fotografia do líder. Esse detalhe já tinha trazido problemas no passado. Explicou ainda que em nenhuma circunstância devíamos colocar o jornal no lixo. Há pouco tempo, tinha acontecido um caso desses com um estrangeiro que deitara fora o jornal no seu quarto e que tinha sido denunciado pela empregada da limpeza. Essa situação só se resolveu com um extenso pedido de desculpas por escrito.

O itinerário continuava sem estar completamente garantido. Seria definido ao longo dos dias. Mas havia otimismo. Mais algumas informações práticas e, mesmo quando estava para sair, perguntaram-me se já tinha assinado o papel.

Eu tinha deixado o papel para o fim, na esperança de não o assinar. Tratava-se de uma declaração em que cada participante da viagem garantia que não iria publicar qualquer relato ou registo daquilo a que assistisse. Nesse momento, eu ainda não tinha a certeza absoluta de que fosse escrever sobre o assunto, mas suspeitava com bastante segurança que sim. Escrevendo, o mais certo seria querer publicar. Por isso, não queria assinar o papel. Mas se não assinasse, não podia levantar voo.

Neste momento, agora mesmo, um advogado está a tentar ajudar-me a reverter esse compromisso. Se, em algum lugar deste livro, estiver uma meia dúzia de linhas, com letra reduzida, a dizer que as descrições destas páginas são ficcionais e que qualquer semelhança com a realidade é mera coincidência, é porque não consegui chegar a um acordo favorável à minha vontade. Não acreditem nessas linhas burocráticas, não se deixem enganar por obrigações legais. Se essas linhas existirem serão elas próprias a única ficção presente neste livro. Garanto.

O escritório da empresa ficava perto de um enorme centro comercial. Aproveitei para fazer algumas compras de última hora. Como não ia ter telemóvel, comprei um pequeno despertador, barato, com a imagem de dois ursos de peluche sob os ponteiros. Comprei também uma gravata porque disseram que poderia fazer falta para visitar o túmulo de Kim Il-sung, assim como para outras possíveis ocasiões de cerimónia. Tentei comprar lâminas de barbear em dois supermercados, nenhum tinha.

O Estádio dos Trabalhadores ficava muito perto. Tinha havido jogo e, quando quis voltar para o hotel, havia milhares e milhares de pessoas vestidas de verde e amarelo a apanharem todos os transportes disponíveis. Esperei cerca de uma hora e meia e, por fim, lá consegui.

Tive dificuldade em adormecer. No dia seguinte, iria partir para a Coreia do Norte.

X, ainda pensei se devia ou não fazer uma cruz. Demorei dez segundos a tomar essa decisão.

O papel da alfândega tinha uma lista de artigos proibidos. Se levasse algum na bagagem, devia assinalá-lo com uma cruz. Esse era o caso das armas, munições ou explosivos, mas também dos aparelhos de navegação e GPS, dos telemóveis e de qualquer meio de comunicação; não se podia levar drogas, narcóticos e venenos, mas também era interdito levar obras históricas, culturais e artísticas. Não era permitido entrar no país com qualquer tipo de material impresso.

Eu tinha comigo um exemplar de D. *Quixote de la Mancha*, 845 páginas que seriam encontradas se alguém as procurasse. Decidi não fazer a cruz. D. Quixote, Sancho Pança e restante multidão de sombras iam entrar clandestinos.

Se fossem descobertos, esperava que a língua portuguesa, incompreensível ali, atenuasse a minha falta. Ao mesmo tempo, sentia que esse momento, a acontecer, faria de mim uma espécie de mártir literário, o que, em teoria, não me desagradava completamente. Ainda antes de chegar à fila do *check-in,* eu já estava impressionado por estar num aeroporto que, nos ecrãs das partidas, tinha Pyongyang entre os seus voos. No ponto mais remoto do aeroporto de Pequim, em pequenos detalhes, o balcão do *check-in* dava mais algumas pistas sobre as características pouco habituais do destino: os rostos, as roupas de uma pequena multidão, muito organizada, de pessoas sisudas. Os coreanos vestidos com fatos austeros, de fazenda austera e cores austeras, falavam baixo entre si. Os estrangeiros, quase sempre sozinhos, olhavam para todos os lados e tiravam fotografias principalmente ao ecrã que dizia: Air Koryo, *Economy Class,* Pyongyang, a hora e o número do voo. Alguns, como eu, despediam-se do telemóvel.

A companhia aérea da Coreia do Norte, a Air Koryo, faz parte do Exército Popular da Coreia, como tal, todos o pilotos são oficiais da força aérea no ativo. No céu, a distância entre Pequim e Pyongyang é de pouco menos de mil quilómetros. Nessa hora e meia, foi servida uma refeição completa e bebidas à vontade. Quem quis fumar pôde fazê-lo.

Nas pequenas televisões, acrescentadas recentemente aos aviões soviéticos de um tempo sem ecrãs planos, passavam imagens de pilotos eficientes no *cockpt,* técnicos concentradíssimos na torre de controlo, hospedeiras atenciosas e passageiros sorridentes, acompanhados por música épica. Na bolsa da cadeira à minha frente, o saco do enjoo tinha escrito em inglês: "Para as suas recusas".

Então, uma hospedeira de porcelana passou a empurrar um carrinho e a distribuir revistas. Recebi um exemplar da revista *República Popular Democrática da Coreia* em inglês e outro da revista *Coreia Hoje* em coreano. Na Coreia do Norte, é uma falta de etiqueta desagradável referir-se ao país como "Coreia do Norte". Em vez disso, deve chamar-se-lhe apenas "Coreia" ou as siglas da República Popular. Isso talvez explique a grande falta de criatividade dos nomes das revistas.

Porque sabia que ia ser mais rápida de folhear, comecei pela edição coreana. Tinha sobretudo fotografias de situações ideais num mundo hipotético: na capa, quatro operárias numa fábrica de têxteis a trabalharem, muito divertidas, como se alguma tivesse contado uma piada; no interior, sete cientistas num laboratório, cada um a fazer uma experiência diferente; um pouco depois, uma sala cheia de alunos muito atentos a olharem para um aparelho de televisão, dando a entender que o professor estaria a dar a aula à distância, alta tecnologia; noutra página, quatro profissionais de saúde, médicos ou enfermeiros, a rodearem uma cama, onde o doente estava numa posição tão perfeita que até parecia morto. Todas as imagens com este nível de artificialidade: gente muito penteada, com roupas impecáveis, perfeitas, como manequins numa montra.

A outra revista, muito maior e em inglês, tinha uma imagem do desfile fúnebre de Kim Jong-il na capa: um carro a passar com um retrato gigante do falecido líder no tejadilho. Na página três, vinha esse mesmo retrato, com o título a vermelho: "Kim Jong-il viverá para sempre". Esta frase não era para ser interpretada literalmente porque logo nas páginas seguintes vinha a notícia pública da sua morte, tal como ela foi dada pelo Comité Central do Partido dos Trabalhadores da Coreia, em conjunto com outras autoridades centrais, nacionais e supremas.

Sobre Kim Jong-il dizia-se: "levantou a dignidade e a força da nação ao seu grau mais elevado e acompanhou uma época de grande prosperidade, nunca vista nos 5 mil anos de história da nação"; ou "liderou a revolução ao longo de um caminho repleto de vitórias, reflexo de teorias profundas e de inexcedível liderança; patriota sem igual e pai benevolente do povo, que adornou todo o curso da sua luta revolucionária com amor ardente"; ou apenas "personificou ao mais alto nível possível todas as virtudes que caracterizam um grande homem".

A seguir, páginas com multidões a chorarem em todas as províncias do país, grupos de diversas profissões e faixas etárias a chorarem. Noutra página, o corpo do querido líder a ser velado, com uma vitrina a seus pés, a exibir todas as condecorações que recebeu. Logo depois, mais imagens do cortejo fúnebre. Entre as quais, um enorme manto composto por milhares de casacos das pessoas que esperavam, a cobrir o chão para que, quando passasse o carro com o corpo do grande líder, não houvesse neve na estrada.

"O povo mundial junta-se ao luto" era o título de um artigo onde se falava das condolências enviadas por líderes internacionais, como Hu Jintao da China, Medvedev da Rússia e Raúl Castro de Cuba. Com fotografias das coroas de flores enviadas pelos governos da Mongólia, Laos, Camboja e Guiné Equatorial.

Então, a pouco mais de meio, a revista mudava de tom. O ponto de inflexão era, claramente, o artigo "Eles estavam sempre juntos no caminho da liderança revolucionária Songun". Nessas páginas, em todas as fotografias, o falecido Kim Jong-il surgia com o seu filho e sucessor, Kim Jong-un. Apesar de parecerem estar apenas a olhar para objetos inusitados em fábricas e locais de trabalho, muitas vezes com ar de perplexidade, a legenda repetia que estavam a dar orientação nas mais variadas áreas, desde o fabrico de tecidos à construção de barragens ou, mesmo, num parque de diversões.

Logo depois, vinha o artigo em que se dava conta da cerimónia em que Kim Jong-un assumiu a liderança suprema do Exército Popular da Coreia. Os elogios passaram, então, a ser-lhe dirigidos.

Há livros muito mais longos sobre o assunto, prefiro o mais curto de todos. Esse livrinho chama-se *Perguntas e respostas sobre a ideia Songun*. A primeira pergunta, claro, é: "O que é a ideia Songun?". A resposta: "A ideia Songun é, em resumo, a ideia de levar a cabo uma revolução e construção de uma sociedade, tendo o Exército como força principal, dando prioridade aos assuntos militares". Esse livrinho foi publicado em março de 2012, pouco tempo antes de eu chegar à Coreia do Norte, como se o tivessem publicado de propósito para mim. Não precisavam de ter-se dado a tanto trabalho.

Esta teoria do Songun alcançou o feito de criar uma lógica linguística que permite um discurso potencialmente infinito sem que se acrescente nada. Ler essas páginas é o equivalente retórico àquela roda das gaiolas de hamsters, corre-se muito, mas não se chega a lugar nenhum.

As cem perguntas que constituem esse livrinho não chegam a dizer que este conceito Songun, a ideia de colocar o Exército à frente da classe trabalhadora, foi elaborado quando Kim Il-sung percebeu que os militares lhe seriam fundamentais para manter o seu sistema de absolutismo autocrático. Desse modo, tinha ao dispor as forças de repressão necessárias para aquilo que precisasse e, ao mesmo tempo, mantinha o ambiente de ameaça permanente que o país vive. Este ambiente, por sua vez, é útil para manter o isolamento total da população em relação ao estrangeiro. Não muito diferentes da mulher vítima de violência doméstica, cujo marido não a deixa ter amigos.

Atualmente, a Coreia do Norte é o país mais militarizado do mundo. Com 24 milhões de habitantes, tem o quarto maior Exército do mundo, com mais de 1,1 milhão de soldados armados, cerca de 20% de todos os homens entre os dezassete e os 54 anos do país. Em caso de necessidade, conta com uma reserva operacional de quase 8 milhões de homens. O serviço militar é obrigatório para todas as pessoas que estejam aptas fisicamente e dura um período máximo de dez anos.

Os militares estão presentes em muitas áreas de atividade, possuindo quintas agrícolas e fábricas próprias, mas, ainda assim, o peso de um aparelho deste tamanho na economia é muito dispendioso e contribui para as enormes dificuldades do país.

A ideia Songun veio na sequência da ideia Juche. De acordo

com as fontes norte-coreanas, estas duas teses são atribuídas a Kim Il-sung. Existem, no entanto, múltiplas evidências que demonstram que não foi assim. A ideia Juche, sabe-se hoje fora da Coreia do Norte, foi desenvolvida pelo principal conselheiro de Kim Il-sung na área ideológica, Hwang Jon-yop. Na propaganda oficial, a ideia Juche é sempre apresentada como uma teoria socialista, mas que não pode ser considerada marxista porque é mais avançada do que o marxismo. Assim, ignorando toda a história do pensamento, Kim Il-sung autoproclamou-se inventor da roda. O princípio da ideia Juche é: "O Homem é dono do seu próprio destino".

Este princípio é apoiado por um conjunto amplo de generalizações sem correspondência na realidade. Por exemplo: "o povo deve ter independência política, auto-suficiência económica e defensiva"; "a política deve refletir as aspirações das massas e empregá-las ao serviço da revolução"; entre muitas outras. Faltam-me agora as forças para continuar a reproduzi-las.

A ideia Juche afirma o patriotismo nacionalista à frente de qualquer outro valor. O trauma da colonização japonesa e da violenta intervenção americana na guerra deu força aos argumentos. O aparente estilo leninista/maoísta do discurso é apenas uma contingência histórica. É uma forma de contribuir ainda mais para a divinização do líder, dando a entender que Kim Il-sung era um ideólogo tão credível como Lênin ou Mao.

Num livro bastante mais sério do que o referido folheto, *The Cleanest Race*, B. R. Myers defende que a ideia de raça, a xenofobia e o sentimento patriótico são, realmente, a força ideológica que carrega o sistema norte-coreano. A expressão, tornada estereótipo, de que a Coreia do Norte é o último país estalinista não faz qualquer sentido.

Estalinismo é a forma, nacionalismo xenófobo é o conteúdo. Apesar da terminologia e da iconografia, o regime norte-

-coreano assenta, sem qualquer dúvida, sobre valores induzidos a partir da ideia de homogeneidade racial e a fomentação do extremo orgulho patriótico.

Das cem perguntas presentes no pequeno livro, só volta a haver uma que verdadeiramente fale sobre a realidade da Coreia do Norte quase no final. É a número 97: "O que é sistema monolítico de liderança do Comandante Supremo?". Ao contrário dos volumes que enchem as bibliotecas norte-coreanas sobre Juche e Songun, a resposta a esta breve questão é bastante mais esclarecedora e descritiva do regime político em vigor: "É o sistema de liderança sob o qual os problemas que surjam no decurso da revolução serão resolvidos em conformidade com as ideias e propósitos do Comandante Supremo, e o Partido, Exército e povo agirão como um único organismo sob a orientação monolítica, aceitando e cumprindo diligentemente as suas instruções, ordens e intenções".

No avião, não houve turbulência. Li a revista até ao fim. Quase nas últimas páginas, vinha um artigo que mostrava como, perante a morte do líder, o país não tinha parado. Via-se uma sala da pré-primária onde as crianças e as educadoras estavam todas a chorar à frente de copos de leite, com a seguinte legenda: "Querido General, hoje as nossas crianças também bebem leite de soja". Noutra página, havia imagens da maternidade de Pyongyang. Numa delas, estavam três grávidas a chorarem e a receberem garrafas de um médico. A legenda: "Mel e vários tónicos continuaram a ser fornecidos durante o período de luto".

Por fim, a fechar, havia um artigo que dava conta dos misteriosos fenómenos naturais que aconteceram após a morte de Kim Jong-il: enormes bandos de pássaros que foram ao local onde estava a ser velado; um inédito brilho vermelho que cobriu o topo do pico Jong-il; a neve transformou-se em trovões e relâmpagos em Kaesong; na manhã em que morreu, a terra tremeu no monte

Paektu, acompanhada pelo rugido do gelo a rebentar nas margens dos lagos.

Como não ia num lugar à janela, tudo o que vi durante a aterragem foi o rosto da hospedeira, sentada num banco virado para mim, protegida pelo cinto de segurança. Impossível saber o que estaria a pensar. No rosto da hospedeira, o avião não aterrou. Toda a gente queria sair. No topo das escadas, tirei um instante para respirar fundo e para ver a distância. Atravessei a pista a pé, lentamente. Já com a mala, tomei a decisão acerca do *D. Quixote de la Mancha*, iria comigo, e guardei o telemóvel dentro de um pequeno saco de plástico, que tinha uma etiqueta onde escrevi o nome. Despedi-me dele, vi-o sair nos braços de uma guarda que levava muitos outros telemóveis dentro de sacos semelhantes. Olhei para ele até a guarda entrar por uma porta aberta e desaparecer. Coitado, não iria entender a razão por que ficava ali sem mim. Desejei que um dos outros telemóveis, mais experiente, lhe fosse capaz de explicar o que estavam ali a fazer. Encontrei consolo imaginando essa cena: um dos outros telemóveis a explicar-lhe que eu iria voltar.

Como todos os outros estrangeiros, tive de entregar o passaporte à entrada do país. Ser-me-ia devolvido à saída, com o telemóvel. Imaginei razões para quererem o passaporte e intenções que justificavam não me deixarem levá-lo. Não cheguei a nenhuma conclusão e acabei por não pensar muito no assunto porque não tive a mala revistada, grande surpresa, e adiantei-me. De repente, tinha pressa, queria atravessar um risco no chão.

Entrei na Coreia do Norte.

Não prestei muita atenção aos guias quando foram apresentados. Fixei-lhes apenas os nomes. Eram uma mulher e um homem: a menina Kim e o senhor Kim.

Saímos do aeroporto.

E comovi-me. Tinha passado muito tempo a imaginar

como seria estar ali. Naquele momento, estava ali. Então, com toda a força do tempo presente, eu era eu, consciente, vivo, tinha o meu nome, tinha as minhas lembranças, todas as minhas coisas, e estava ali.

Essa verdade soterrava-me.

Quase me sinto capaz de jurar que houve silêncio absoluto no momento em que entrei em Pyongyang. Não ouvia o motor cansado do pequeno autocarro que nos levava; não ouvia as primeiras explicações da menina Kim sobre a cidade, em frases que começavam sempre por "o.k.", ditas num microfone que guinchava sem aviso; não ouvia o barulho que estava acumulado na minha cabeça, pensamentos antigos, a flutuarem. Ouvia apenas o silêncio absoluto das imagens que passavam atrás do vidro.

Em silêncio, silêncio, crianças com uniforme de pioneiros, calças ou saias azuis, camisa branca, lenço vermelho atado sobre o colarinho, a correrem. Homens, fardados ou não, a olharem para algum assunto, a pensarem em algum assunto. Mulheres atarefadas, a carregarem sacos. Duas meninas encostadas a uma árvore. Árvores de copa verde-escura, árvores altas e baixas. Homens a passarem de bicicleta, pedaladas lentas, com sentido. Raparigas bonitas de vinte e tal anos, fardadas de azul, a fazerem movimentos rectilíneos, polícias-sinaleiras no centro de círculos pintados na estrada, cruzamentos de quatro direções. Homens a empurrarem carrinhos de mão ao longo dos passeios. Um grupo de pessoas agachadas a conversarem.

E o silêncio dos prédios de fachadas geométricas e cores tristes. Azul-cinzento, verde-cinzento, castanho-cinzento. E grandes letreiros de betão com frases altas, letras brancas sobre fundo vermelho, a dizerem algo com muita força. Às vezes, letreiros a grande altura, no topo de postes, com desenhos políticos, garridos. E a ausência de qualquer publicidade, a ausência de palavras escritas nas paredes, apenas passagens aéreas para peões, paragens de autocarro, sinais de trânsito, coisas úteis. Apenas as ruas limpas, a limpeza absoluta.

Silêncio.

E, através das janelas abertas, naquilo que conseguia ver do interior dos apartamentos, duas vezes o silêncio. O meu vidro e o vidro deles vezes o silêncio. Nas paredes de todas as salas, sempre na mesma parede e na mesma posição, o retrato de Kim Il-sung e de Kim Jong-il, lado a lado. A partir do ângulo certo, um pouco antes de passar, eu olhava e via os retratos emparelhados em todas as paredes de determinado prédio. As casas com móveis diferentes, famílias diferentes, mas sempre os retratos no mesmo ponto da mesma parede. Depois, passava por outro prédio e era igual. Havia pessoas nessas salas, tinham várias idades, estavam sentadas ou atravessavam-nas em três passos. Havia a fragilidade humana de serem pessoas nas suas vidas, sem se saberem observadas por mim.

Anoitecia. O pouco trânsito não assustava os pássaros. Levantavam voo apenas por vontade, deixavam os ramos das árvores e atiravam-se ao céu que, àquela hora, era um sítio de deslizar. Era ainda azul, mas escurecia, percebia-se a sua inclinação fatal. Havia também o fresco, tocava o cimento e a pele. A Lua, quase meia, era muito nítida.

Acabado de chegar a Pyongyang, eu continuava calado a ouvir todo esse silêncio.

Sem sorrir, com ar sério, a menina Kim disse que estava bom tempo porque se aproximava o aniversário do grande líder. As nuvens eram manchas ténues e raras. O céu tinha infinito, e essas poucas nuvens, sobre ele, eram como o reflexo de folhas novas a flutuarem num lago, davam forma ao azul. O sol, brando, tinha a medida certa de brilho para receber as vozes das crianças que passavam a brincar.
O grande líder sabia fazer um dia bonito de primavera. Enquanto a maioria dos outros estrangeiros foi comprar ramos de flores, eu fiquei a ver o movimento. Na base da colina Mansu, havia grandes multidões de homens e mulheres que passavam ou que estavam parados. A maioria das mulheres usava o vestido tradicional, chamado *choson-ot* na Coreia do Norte e *hanbok* na Coreia do Sul: um vestido muito rodado, cintado um pouco abaixo do início do peito, muitas vezes com duas cores diferentes, uma na parte de cima e outra na parte de baixo. O tecido dos vestidos tradicionais é sempre leve, as cores são sempre vivas. Quando são vermelhos, o que é frequente, parecem papoilas.

Essa exuberância contrasta com todas as outras roupas, sobretudo as dos homens, que são sempre escuras.

Ao peito de homens e mulheres, o emblema com a cara de Kim Il-sung, Kim Jong-il, ou de ambos. Eu já tinha lido muito sobre esses emblemas. Todos os norte-coreanos recebem um aos quinze anos de idade e, a partir de então, espera-se que o usem sempre que saem de casa. Existem emblemas com cerca de vinte formas diferentes e cada um deles é expressivo acerca do papel do seu dono na sociedade e no partido. Ainda assim, o emblema não é uma forma de identificação absoluta porque, ao longo da vida, um indivíduo recebe diversos emblemas, podendo usar aquele que entender, mesmo que já não corresponda ao seu estatuto atual. A única forma de recebê-los é através do Estado. A proposta de compra do emblema por parte de um estrangeiro é considerada um insulto.

Caminhar sozinho entre as pessoas, sem que ninguém reparasse demasiado em mim, fez-me sentir como um espírito invisível, só sentidos, olhos para ver tudo, ouvidos para escutar aquelas palavras cortadas em sílabas abertas, pele para distinguir uma aragem tão suave, apenas uma carícia, a palma da mão sobre a pele, só o calor e a ideia.

Quando percebi que toda a gente estava pronta, voltei a aproximar-me. Subimos ao topo da colina Mansu em silêncio. Creio que o motivo pelo qual a menina Kim não nos contou nenhum episódio acerca da coragem ou das qualidades excepcionais dos líderes foi porque já tinha percebido que íamos fazer a maior viagem possível na Coreia do Norte, estávamos ali porque conhecíamos o significado do Grande Monumento da Colina Mansu. A compra generalizada de flores, com a minha exceção, com a exceção de dois ou três, era um sinal disso.

Do topo da colina Mansu, vê-se Pyongyang, uma distância tranquila, o olhar atravessa-a sem perturbações. Imediatamente abaixo, como se escorresse desde ali, estende-se um parque longo, de cimento e verde, árvores e arbustos, que termina lá muito ao fundo, no Grande Palácio Popular de Estudos. Esse palácio é uma enorme biblioteca, de traça tradicional coreana, que contém mais de 10 mil livros e documentos atribuídos a Kim Il-sung e que foi construída para celebrar o seu septuagésimo aniversário. Dez anos antes, em 1972, o Grande Monumento da Colina Mansu foi inaugurado para celebrar os seus sessenta anos.

As estátuas dos líderes são de bronze e têm mais de vinte metros de altura. Kim Il-sung tem o braço direito estendido, como se estivesse a mostrar a cidade. O seu filho, ao lado, olha para essa distância e sorri com regalo. Como se o pai dissesse: "vê só esta maravilha"; e o filho, sorrindo, respondesse: "pois é, que maravilha". Os dois têm os olhos cheios daquilo que veem. Como se estivessem a apreciar uma macieira cheia e o pai dissesse: "vê só esta maravilha de maçãs"; e o filho: "pois é, que maravilha".

A chapa dos líderes era castanho-clara e brilhava ao sol.

A menina Kim arranjou-nos um lugar na primeira fila. As estátuas tinham ramos de flores a seus pés, montes altos de flores empilhadas. Dos lados, tinham milhares de cestos com arranjos de flores de plástico e faixas vermelhas. Esses cestos, bem-arrumados, ocupavam uma área imensa, um pequeno mar, onde sobressaía o vermelho vivo das faixas. Aqueles que tinham comprado ramos de flores, quase todos, foram acrescentá-los aos montes que cobriam a base das estátuas. Naquele início de manhã, esses montes formavam um muro com a altura de uma pessoa normal. Bem-comportados, ficamos na primeira fila, com centenas de coreanos atrás e ao lado, organizados com geometria militar.

Durante alguns segundos, a voz gravada de uma mulher disse qualquer coisa solene. Toda a gente escutou em silêncio. Assim que terminou, começaram a ouvir-se as notas de uma marcha lenta e grave, quase fúnebre. Então, todos ao mesmo tempo, como se déssemos um salto no vazio, fizemos uma vénia demorada. O corpo dobrado pela cintura, os braços ao longo do corpo, a dar tempo para sentir a passagem daqueles segundos longos e para pensar.

Ao sairmos, chegou uma multidão igual, talvez umas quinhentas pessoas. Na descida, até longe, havia grupos do mesmo tamanho que, em sucessão, faziam exatamente o que tínhamos feito. Encontrei um canto discreto e fiquei a assistir: a voz gravada da mulher a dizer as mesmas palavras com o mesmo tom, a música a ouvir-se repetidamente e o silêncio da vénia, como se o coração parasse de bater.

A estátua de Kim Jong-il tinha sido inaugurada havia dois dias. Antes, havia só a estátua do pai. Parecem ter a mesma idade. O pai e o filho parecem dois amigos de cinquenta e tal anos. Estão entre dois monumentos, cada um deles com dezenas de figuras com cerca de cinco metros de altura: à direita, "A Luta Revolucionária Antijaponesa"; à esquerda, "A Revolução e a Construção Socialista".

Milhares e milhares de pessoas, muito organizadas, por turnos, a fazerem vénias longas aos líderes. Aproximava-se o aniversário do grande líder, 15 de abril, o maior feriado da Coreia do Norte, também chamado Dia do Sol.

A menina Kim estava à entrada do Museu da Revolução Coreana, a poucas dezenas de metros das estátuas. Esperava e sorria. Não era permitido tirar fotografias no interior do museu e eu estava ainda sob o impacto do que tinha acabado de ver, os rostos. Por isso, não prestei atenção completa aos números que eram debitados pela guia do museu. Era mais velha, segurava um ponteiro e falava em coreano. A menina Kim traduzia para inglês. Recordo as paredes altas, cobertas até ao teto por imagens dos líderes. Recordo a sensação de inverosimilhança em detalhes de algumas histórias e a expressão imperturbável da guia do museu e da menina Kim perante esses episódios mirabolantes.

Na última sala, sentamo-nos em bancos corridos. A guia, com todo o cuidado, foi colocar uma grande cassete pré-VHS num leitor de vídeo. Era a cassete em inglês para os visitantes estrangeiros. Pela primeira vez ouvi a voz de Kim Il-sung: no último ano de vida, voz de velho armado em esperto, a falar sem contar com a possibilidade de alguém o interromper, com cara de não estar a dizer nada de interessante, rouco de catarro do fumador. Mais desagradável do que a voz do líder, só a voz do locutor: grave e aguda, parecida com a de um adolescente na mudança de voz, tornada ridícula pelos coros bélicos que a acompanhavam. No filme, a morte de Kim Il-sung foi anunciada sobre um fundo sonoro de tempestade e trovões, "o único líder mundial que morreu em pleno exercício da sua atividade". Depois, o locutor não precisou de comentar as imagens de luto histérico: avenidas inteiras de pessoas a chorar; choro nos campos, nas fábricas e nos quartéis; barcos e comboios a apitarem, como se gritassem de angústia; homens e mulheres sem força nas pernas a dizerem: "perdemos o nosso pai"; crianças pequenas a chorarem e a dizerem: "perdemos o nosso avô".

Com o mesmo cuidado de antes, a guia do museu foi rebobinar a cassete. Num canto discreto, a menina Kim chorava sem consolo possível.

Na rua, o sol encandeava. Grupos compactos de centenas de pessoas continuavam a suceder-se nas vénias. Respeitosamente, havia casais de noivos a posarem para fotografias com as estátuas dos líderes.

Pedi a um coreano que me tirasse uma fotografia. Juntei as mãos à frente e sorri, mas não demasiado. Ele segurou a máquina, endireitou-a bem e carregou no botão. Nessa altura, eu já sabia dizer obrigado em coreano:

Kamsa-hamnida.

Tinha perguntado na véspera, logo à chegada. Depois disso,

tinha passado pela livraria do hotel e comprado um pequeno guia de conversação com palavras e expressões coreanas que podiam ser úteis para os visitantes. Entre as quais podiam ler-se as seguintes:
• "Proponho um brinde à vida longa e à saúde do líder Camarada Kim Jong-il."
• "Quero começar por visitar a estátua de bronze do Camarada Kim Il-sung para exprimir as minhas condolências."
• "O Camarada Kim Il-sung dedicou a sua vida inteira à liberdade e ao bem-estar do povo."
• "Pyongyang é limpa e bela e parece ter as melhores condições de habitação do mundo."
• "Os Estados Unidos têm de sair do sul da Coreia. Não têm quaisquer fundamentos para permanecer no sul da Coreia."

Num idioma em que "olá" se diz "*annyong-hamimnika*" e em que "adeus" se diz "*annyong-hi kyesipsio*", as frases anteriores eram quase impossíveis de memorizar.

Chegamos ao parque Moranbong depois de almoço.

Foi da janela do autocarro que reparei pela primeira vez nuns casacos que deformavam as costas das mulheres. Só percebi que transportavam bebés quando vi uma pequena cabeça a mexer-se. A criança ficava presa no interior do casaco, o forro estava preparado para recebê-la. A dormir ou acordada, ia colada às costas da mãe, como se fosse uma mochila. Era como se as mães quisessem que o bebé continuasse a fazer parte do seu corpo.

Estacionamos ao lado do estádio Kim Il-sung e começamos a subir a colina Moran.

Mãe, esposa e mulher. Na Coreia do Norte, as pessoas referem-se normalmente a Kim Jong-suk como a Heroína da Revolução Antijaponesa. Primeira esposa de Kim Il-sung e mãe de Kim Jong-il, morreu em 1949. Nas histórias infinitas da vida dos líderes, encarna uma personagem bipolar: poço sem fundo de afeto para com os seus; explosão impiedosa de fúria para com os japoneses. A menina Kim não se cansava a subir e a contar uma história de Kim Jong-suk na colina Moran. O senhor Kim ia logo atrás a concordar com tudo.

Distraído, eu caminhava entre as árvores, por passagens cimentadas, por escadas, através do som de aves invisíveis, à sombra. A cidade afastava-se cada vez mais na memória. Dirigíamo-nos aos pavilhões Choesung e Ulmil. Esses pavilhões, como muitos outros que existem por toda a Coreia e também noutros países da Ásia, são constituídos por um telhado assente sobre pilares de madeira. Segundo a menina Kim, os pavilhões para onde nos dirigíamos tinham sido construídos no século XVII, pré-Juche portanto, como postos de vigia militar.

De repente, distingui lá ao longe, a meio de um caminho, um homem e uma mulher que estavam sentados a ver uma menina a dançar. Usava um vestido tradicional, teria talvez sete ou oito anos e dançava em silêncio. Essa imagem graciosa, sozinha na floresta. Fazia longos movimentos com os braços, girava sobre si própria. Como se uma metáfora se materializasse. Como um verso.

Continuei a subir. Tinha ficado para trás. Sabia a direção que o grupo de estrangeiros tomara, mas não via ninguém. Ouvia os meus próprios passos. Então, cruzei-me com alguns rapazes fardados que vinham a descer. Riam-se de alguma coisa que só eles sabiam, comentada com frases que acrescentavam graça ao assunto. Depois, pareceu-me ouvir música. Não podia ter a certeza de onde vinha. Talvez a cidade, afinal, não estivesse tão longe como imaginava. Minutos a subir pela floresta podiam enganar.

Passou-me pela cabeça o que poderia acontecer se me perdesse ali.

Apressei o passo. Na berma do caminho, uma família fazia um piquenique. Estavam sentados sobre uma manta estendida, à volta de caixas de plástico com comida. A sombra que os cobria era irregular, tinha aberturas de luz que lhes desenhava no rosto os contornos de ramos cheios de folhas. Era uma família de cinco ou seis pessoas que não eram novas. Já tinham comido e estavam só a sorrir. Descalços, apenas de meias, cada um tinha os sapatos arrumados ao seu lado.

A música era cada vez mais alta e mais próxima. Cada vez mais. Antes de virar numa curva coberta por um muro de pedra, já antecipava que ia ao encontro da música. Só não esperava ver aquilo que vi.

Se estás a ler estas palavras é porque estás vivo. Não quero enganar ninguém. Sobretudo, não me quero enganar a mim próprio. Detesto perder tempo. Sempre confiei nos livros. Viajar é interpretar. Duas pessoas vão ao mesmo país e, quando regressam, contam histórias diferentes, descrevem os naturais desse país de maneiras diferentes. Uma diz que são simpáticos, a outra diz que são antipáticos. Uma diz que são tímidos, a outra diz que não se calam durante um minuto.

Isto é radicalmente verdade em relação à Coreia do Norte. O secretismo e as enormes idiossincrasias desta sociedade fazem com que o olhar do visitante seja muito conduzido por aquilo que leu em livros antes de chegar. Ao fazê-lo, parece-me, acaba por procurar na paisagem exemplos do que já sabe. Por isso, a interpretação que cada um faz depende dos livros que leu.

Para quem procure esclarecimento, os guias norte-coreanos são de pouca utilidade. Sabem de cor todos os números e datas, mas falham na descrição de outros dados também objetivos: a história da guerra da Coreia, o desenvolvimento do país, as qualidades dos líderes etc. Se as questões não lhes interessam, mudam de assunto ou respondem qualquer coisa só para despachar.

Quando se esconde tanto, estimula-se a imaginação na mesma medida. O cérebro propõe hipóteses para as perguntas que não são respondidas. É essa a natureza do cérebro.

Além disso, a intensa extravagância da lógica a que se chegou na Coreia do Norte faz com que essa mesma extravagância, comprovada em inúmeros casos, seja seguida em muitos outros que estão por comprovar.

Se a imparcialidade é sempre impossível, na Coreia do Norte é mais impossível ainda.

Às vezes, parece que ninguém tem toda a informação. Ninguém. Não existe um único indivíduo que detenha toda a informação sobre o que se passa de fato. Nem de um lado da fronteira, nem do outro, nem os guias, nem os serviços secretos, nem o líder.

Com frequência, senti que apenas me restava o papel de testemunha alucinada, tentando distinguir a realidade real da realidade retórica apenas através do instinto.

Não foi por acaso que escolhi reler *D. Quixote* na Coreia do Norte.

Como ele, basta-me ser fiel à verdade que conheço e em que acredito. Na vida, talvez seja sempre assim. A sinceridade salva-nos perante nós próprios.

Se estou a escrever estas palavras é porque estou vivo.

Quase no topo da colina Moran, no parque Moranbong, depois da curva ao longo do muro de pedra, estava toda a gente a dançar.

De amplo sorriso, gente de todas as idades, vestida com a melhor roupa, a dançar. Muitas mulheres de vestido tradicional, muitos homens com aquele conjunto que Kim Jong-il costumava usar, espécie de fato-de-macaco, calças e casaco com um fecho à frente, muitas crianças também. Todos a dançarem, cada um para seu lado, dessincronizados. Os estrangeiros que viajavam comigo também estavam lá no meio, a dançar com eles. Os mais tímidos, encostados ao tronco de árvores, recebiam convites sucessivos de coreanos que se aproximavam a sorrir, lhes esticavam a mão e os tentavam levar para o meio da dança.

Tanto os homens como as mulheres dançavam da mesma forma: levantavam os braços à altura do peito e, mantendo-os na horizontal, ondulavam-nos devagar, com os pulsos relaxados, como se imitassem borboletas. Ao mesmo tempo, deslocavam-se livremente em qualquer direção aleatória. E, embora não se agarrassem uns aos outros, podiam dançar acompanhados, presos pelos olhares e sorrisos que trocavam com uma pessoa específica. Era esse olhar e esse sorriso que os estrangeiros mantinham com quem os tinha convidado.

Quando a música acabava, sem pararem de sorrir, batiam palmas ralas e retomavam o fôlego. A euforia regressava com as primeiras notas nas colunas, ligadas a um gravador chinês, de plástico brilhante. Então, cresciam-lhes molas nos pés.

Os estrangeiros pareciam surpreendidos. Muito provavelmente tinham lido os mesmos livros que eu. Uma boa parte desses livros assegurava que os norte-coreanos tinham ordens expressas para não manter qualquer espécie de contato com estrangeiros. Cheguei a ler que, quando aconteciam acidentes, por medo, recusavam qualquer assistência.

Não demorei muito a entrar na festa. Quem me convidou foi um rapaz de vinte e tal anos, muito penteado, camisa apertada até ao último botão, com dois molhos de chaves pendurados na presilha do cinto, que se mexia em estilo completamente livre, numa fusão iconoclasta entre folclore e dança contemporânea.

Nesse ponto, aquilo que os livros diziam não correspondia à realidade. Se alguma vez tinha sido assim, deixara de ser. Estava rodeado por essa evidência.

Muitas vezes, as pessoas cantavam em voz alta enquanto dançavam. Uma das canções que passaram, identifiquei-a mais tarde, foi a *Balada de Singosan*. O fato de eu conseguir identificar canções demonstra o quanto a variedade é limitada. Na Coreia do Norte, a música resume-se a temas de origem popular, temas de glorificação do regime e óperas revolucionárias.

A música de origem popular fala sobretudo da paisagem: montes, rios e cidades. As formações musicais são constituídas por voz e dois, três ou quatro teclados eletrónicos, podem também ter guitarra elétrica e bateria. Nas gravações, utiliza-se todo o tipo de efeitos sonoros, passarinhos, borbulhar de água, lançamento de foguetes, e é muito comum distorcer-se as vozes femininas, de modo a torná-las mais agudas. Na Coreia do Norte, valorizam-se muito as vozes femininas agudas. Os sons dos teclados são bastante estridentes, com um nível de sofisticação sonora comparável a toques de telemóvel ou brinquedos de pilhas.

Uma das bandas que me apresentaram como um sucesso entre os jovens era formada por um vocalista na casa dos cinquenta, fardado de oficial do Exército, acompanhado por bateria, duas guitarras elétricas e dois órgãos de trazer a tiracolo, sendo todos estes instrumentos tocados por raparigas com vinte e poucos anos, também fardadas, a seguirem as notas numa pauta.

O género musical que celebra o regime chama-se *Taejung kayo*. Pode ser interpretado também por este tipo de formação ou por uma das seis orquestras militares que existem na Coreia do Norte. Nesse caso, é frequente o uso de coros ou de diversas formações de cantores. Alguns títulos: "Iremos seguir-te para sempre", "Honrado, vivo ou morto, sempre a seguir o caminho revolucionário", "Se o nosso Partido-Mãe assim o desejar", "O General é o nosso pai", "Os nossos corações seguem o General", "Onde está o General?", "Obrigado, Pai General", "Seguraremos as baionetas com mais firmeza" ou a mais recente "Defenderemos o General Kim Jong-un com o risco das nossas vidas".

As óperas revolucionárias são levadas à cena em gigantescas produções, com dezenas de elementos em palco, no Teatro Mansudae, em Pyongyang. São muito famosas as "cinco peças revolucionárias". Trata-se de cinco óperas que, como todas, têm uma mensagem política, óbvia, primária, contada através de um enredo trágico e ingénuo. As óperas são bastante menos populares do que os géneros anteriores talvez devido à sua extensão, e consequente tédio. Ainda assim, os líderes empenharam-se pessoalmente neste género. Alegadamente, escreveram e compuseram as mais famosas. Kim Jong-il, por exemplo, compôs *Mar de sangue*, que já foi levada à cena mais de 1500 vezes. Assinou também um livro chamado *Sobre a arte da ópera*. Ainda não li. Parece-me seguro afirmar que nunca o irei ler.

É proibido trazer música estrangeira para a Coreia do Norte. A grande maioria da população não tem conhecimento da existência de outros tipos de música para lá daqueles que são permitidos no país.

Era feriado. A encosta que sucedia ao baile estava quase completamente preenchida por grupos de pessoas, famílias, amigos, a fazerem piqueniques.

Soju é uma aguardente de arroz, forte, com sabor um pouco açucarado. Qualquer recipiente servia para nos oferecerem *soju*. Aceitei diversos convites, bebi sobretudo em caixas de plástico. Insistiam muito e, depois, quando aceitávamos, começavam a fazer uma grande algazarra desde o momento em que se vertia *soju* a partir de um garrafão de plástico grosso até ao clímax, quando se bebia de uma vez. Era suave na garganta, mas, depois de engolido, atacava os músculos do rosto e obrigava a uma cara feia.

Nesse caminho lento, por duas ou três vezes, ficamos parados junto de grupos que cantavam em coro e batiam palmas, enquanto se bebia *soju* em todos os recipientes disponíveis: pratos, colheres, tampas de qualquer coisa. Havia muito *soju* naquele lado da colina. Foi talvez por isso que houve porrada.

A certa altura, ao longe, vi dois homens a trocarem murros secos. O som de murros, meio patético, foi seguido pelas vozes de vários outros que envolveram os que estavam a brigar e os separaram. Então, passou a ouvir-se o som dos sapatos a arrastarem-se na terra. Dentro da harmonia aparente de todos os momentos, essa pequena janela de violência ridícula e inglória foi humanizante.

O *soju* bebe-se com facilidade. É clarinho, fresco. E traiçoeiro. Mostra-se de repente, como uma paulada na cabeça. Não sei se era isto que eu pensava enquanto subia até ao pavilhão. Não me lembro do que pensava. Não me lembro sequer do nome do pavilhão, não me lembrei de anotá-lo. Lembro-me de que as imagens não paravam quietas à minha frente e, se abrandavam por instantes, eram baças, como se caísse uma cascata de *soju* entre mim e elas.

Mas a subida ajudou. O ar livre e o aroma dos pinheiros também ajudaram. À volta do pavilhão, dezenas de pessoas com mais de setenta anos dançavam. Não tinham gravador, tinham as suas próprias vozes e tinham uma velha, talvez a mais velha de todas, vestida de fato tradicional, a circular entre o baile e a tocar tambor. Não sei se estava a tocar bem. Na altura, pareceu-me que batia no tambor com o ritmo que calhava.

Havia uma escada até ao pavilhão. Subi-a. Mais gente acima dos setenta. A maioria estava de lado, a olhar para fora. No meio, havia um casal que dançava ao som de um homem que tocava flauta. Tinham espaço e aproveitavam-no todo. Cada um para seu lado, moviam-se com passos largos, olhavam-se com expressões exageradas e, nos breves instantes em que estavam mais perto, ele fazia um movimento de aproximação e ela fazia um gesto de afastamento e pudor. Fiquei hipnotizado. O enredo da dança, pareceu-me, consistia na representação de uma sedução longa, em que o enamorado ia recebendo pequenos avanços da amada. Ela dava pouco, mas dava alguma coisa. Ao mesmo tempo, faziam as expressões mais incríveis, como se estivessem a surpreender-se a cada momento ou, por vezes, como se estivessem a sentir dores lancinantes.

Passei talvez uns vinte minutos a assistir a essa dança. Quando fui embora, ainda não tinha acabado. O tocador de flauta tinha bom fôlego. Dava a impressão de que o enamorado não ia levar nada dali.

Durante a descida, passamos por muitos piqueniques em que havia pessoas a cantarem. Os outros continuavam sentados à volta da manta, em silêncio, muito compenetrados, a escutarem quem se tinha levantado para cantar. Vim a perceber mais tarde que esse é um hábito na Coreia do Norte: às vezes, como distração, há alguém que canta. Quando essas ocasiões surgem, ninguém se nega. Mal ou bem, todos cantam.

O Arco do Triunfo de Pyongyang foi feito a partir do arco de Paris, mas é maior. De cada vez que a menina Kim falava nele, acrescentava sempre: "como o de Paris, mas maior". Descemos a colina na direção do arco. O arco celebra as vitórias de Kim Il-sung, obviamente.

O autocarro esperava-nos ao lado de uma barraquinha de tiros, rodeada por rapazes que tentavam acertar em vultos de pequenos soldados. O prémio máximo era um pacote de bolachas. Não experimentei. Nesse momento ainda não sabia, mas, no dia seguinte, iria ter várias armas carregadas nas mãos.

Embalado pela condução pausada do motorista, dormi uma sesta de minutos. Acordei ainda com hálito de *soju*, mas com a cabeça renovada.

Estavam milhares de pessoas à entrada do festival das flores. Compunham uma fila que se estendia por centenas de metros, depois dobrava-se num ângulo reto, continuava por mais algumas centenas de metros, descia por uma passagem subterrânea, voltava a surgir no outro lado da estrada e continuava até desaparecer. Havia altifalantes com música patriótica.

A menina Kim levou-nos para o início da fila e apresentou-nos a uma guia da exposição. Falava inglês e fez-nos passar à frente de toda a gente.

O interior do edifício era enorme, amplo, alto, com dois andares, com milhares de flores e milhares de pessoas, com o barulho de milhares de pessoas. A guia falava para um microfone. A sua voz ouvia-se através de um amplificador portátil que transportava.

Explicou-nos que Kim Il-sung fizera uma visita de Estado à Indonésia. Num jardim botânico, surpreendeu-se com uma flor muito graciosa que desconhecia. O presidente Sukarno disse-lhe que era uma planta nova, ainda sem nome e que ia batizá-la em sua homenagem. Kim Il-sung, modesto, declinou a simpática oferta, mas Sukarno insistiu, fez questão, disse-lhe que era muito merecido porque o líder norte-coreano tinha alcançado grandes feitos para benefício da humanidade.

Explicou-nos também que, nos anos 1980, um botânico japonês criou uma planta e decidiu batizá-la em honra de Kim Jong-il. A planta floresce na época do seu aniversário e simboliza sabedoria, amor, justiça e paz. Ou seja, algumas das qualidades do querido líder.

Todas as flores em exposição eram kimilsungias ou kimjongilias.

Era a 14ª edição do grande Festival da Kimilsungia. Oitenta e quatro instituições tinham feito arranjos muito grandes e elaborados com as flores dos líderes. Tinham participado associações profissionais, como os pescadores, a construção civil, entre outras; mas também as associações da imprensa, da rádio, da televisão; ou escolas desde o pré-escolar ao universitário; ou os compatriotas no estrangeiro, as missões diplomáticas e as organizações estrangeiras de amizade para com o país; ou as forças armadas, os ministérios etc.

A guia usava um vestido tradicional da cor das kimilsungias: mais ou menos cor-de-rosa. Outras guias e funcionárias do festival tinham vestidos da cor das kimjongilias: vermelho-vivo. Cheirei as kimilsungias e as kimjongilias. Não cheiravam a nada.

À entrada, havia um lago com repuxos. Atrás, estava uma enorme pintura de Kim Il-sung e de Kim Jong-il a sorrirem. À volta desse retrato, havia milhares de flores, o símbolo do partido, a miniatura de alguns monumentos e uma faixa com uma frase.

Nas suas melhores roupas, por ordem rígida, grupos de pessoas subiam a um pequeno palco à frente desse cenário, fixavam uma expressão solene e eram fotografadas.

Respeitosamente, perguntei à guia qual era a sua flor preferida. Respondeu que gostava em igual medida das duas porque ambas simbolizavam as virtudes dos líderes.

Milhares de pessoas e flores.

Os diversos arranjos ilustravam todos os temas mais caros ao regime: desde desejos de conquista do espaço à admiração internacional generalizada. Em todo o recinto, a acrescentar barulho ao barulho, a gravação de uma voz feminina, emocionada, narrava um texto infinito.

Saí para a rua sozinho. Lá fora, num largo de cimento, havia uma multidão igualmente grande, mas mais descontraída, com mais espaço, sob um sol ameno de final de dia. Havia pequenas bancas, muito pequenas mesmo, de bebidas e gelados. Fiquei a olhar para as pessoas, não faziam nada de especial. Algumas esperavam agachadas, de cócoras, com os joelhos quase a tocar nos ombros.

Meia dúzia de rapazes, dez ou onze anos, aproximou-se de mim. Ficamos a falar por sorrisos e gestos. Sem pressa, chegamos a algumas conclusões abstratas.

Passava pouco das seis da manhã e eu regressava ao meu quarto. Era a hora mais fria da madrugada. Havia poucas lâmpadas, distribuídas sem equilíbrio pelo corredor, a desperdiçarem luz demasiado branca de encontro a certas paredes. Havia grandes manchas de sombra, que pareciam não ter fundo e que escureciam todas as cores, até o cinzento.

A alcatifa fazia-me silencioso. Devagar, eu avançava. Levava os meus pensamentos por corredores que me lembravam hotéis de zonas balneares no inverno, antigos e à beira da falência, onde tinha estado de passagem, sozinho, em noites que não sabiam a nada.

O hotel Yanggakdo é o melhor hotel de Pyongyang. Apesar de ter sido construído nos anos 1980, tudo nele tem ar de anos 1970. Até o folheto que encontrei em cima da mesinha-de-cabeceira a afirmar que tem mil quartos.

Talvez tenha. Também pelo folheto, fiquei a saber que é o edifício em funcionamento mais alto da Coreia do Norte. Com 47 andares, tem uma das suas principais atrações no último: o restaurante giratório.

Na cave, ao longo de um extenso labirinto de corredores tem outros espaços pouco frequentes na cidade, como é o caso do *bowling*, de um bar com bilhares e de um casino. Nas imagens do folheto, toda a gente estava a divertir-se. Fui lá ver. O *bowling* era uma sala, onde uma das paredes se abria para três pistas paralelas com o piso ondulado. O bar com bilhares era um balcão, enfeitado por luzes de Natal, com um empregado que já tinha limpo todos os copos duas vezes e, claro, com bilhares. O casino eram três divisões cheias de *slot machines* desligadas e, ao fundo, onde já não se esperava encontrar nada, era uma divisão de fumo, com uma mesa de jogo vazia e outra rodeada de chineses, que se viravam todos a olhar quando entrava alguém e, depois, desinteressavam--se e continuavam a jogar. Num dos cantos vazios do casino, estava um estendal com roupa a secar.

Eu caminhava pelos corredores do 25º andar, entre papel de parede mal colado, passando por esquinas ou recantos que pareciam destituídos de explicação arquitectónica. Caminhava entre portas baratas, ocas, portas finas que, de certeza, rebentariam sob um pontapé.

Sentia o peito oprimido. Apertado. Não sei como seria a imagem do meu rosto, ninguém pode saber, mas acredito que teria os olhos tapados por sombras. Passei pela porta que via normalmente aberta e onde costumava estar um militar sentado. Àquela hora, estava fechada. Entrei no meu quarto e aproximei--me da janela: Pyongyang.

Antes, ao sair do quarto, ia com outra pressa. Os elevadores demoravam sempre muito tempo a chegar. Convinha estar atento porque as portas ficavam abertas apenas durante um instante e, antes de se fecharem, só dava tempo de, pum. Não dava tempo de nada. As portas fechavam-se sem apelo e, depois da espera, apanhar o elevador era uma questão de sorte ou de bons reflexos.

Àquela hora só estava um homem fardado a ajudar nos elevadores do rés-do-chão. Tenho quase a certeza de que esse homem estava a dormir de pé. Acordou quando se fecharam as portas do elevador de onde saí. Outro, mais confortável, estava a dormir com a cabeça deitada sobre o balcão. A senhora dos telefones saiu de uma porta quando provoquei alguns barulhos para me fazer notado. Vinha a esfregar os olhos, a habituá-los à luz, tinha vincos na pele do rosto. Preenchi o papel com o meu nome, o número do quarto e o país para onde ia ligar.

Portugal.

Telefonar para a Europa custava seis euros por minuto. Escrevo estas palavras em 2012. Acredito que, daqui a anos, os meus filhos e/ou netos terão vontade de ler estas páginas. Talvez acreditem que conhecer o pai/avô os ajudará a conhecer-se melhor a si próprios. Para esse momento futuro, aqui fica a informação: hoje, em Portugal, de seis euros ainda sobram algumas moedas depois de pagar uma hora de trabalho a uma mulher-a-dias ou depois de comer um menu grande no McDonald's.

Se o telefone chamasse e ninguém atendesse, pagava esse tempo na mesma. A partir do momento em que marcava o número, começava a contar.

Durante a minha estadia, o hotel Yanggakdo seria o único de onde poderia telefonar. Nenhum hotel fora de Pyongyang tinha telefone público. Por um valor também alto, era o único hotel do país de onde podia enviar e-mails. Só enviar, não podia receber resposta.

Enviei um. Semanas depois, tive curiosidade de vê-lo. Tinha sido remetido do endereço de uma pessoa chamada Yang Pe e terminava em "kp", a rara terminação de domínios da Coreia do Norte.

Nessa madrugada, telefonei para o meu filho mais novo. Quando chegou ao telefone já o segundo minuto ia a meio. A sua voz de sete anos:

Pai.

E a falar-me de desenhos animados que costumamos ver juntos na televisão, a contar-me detalhes de jogos que costumamos jogar juntos no computador, a dar-me notícias de colegas da escola que também conheço, notícias de festas de aniversário em centros comerciais. E eu ali, na Coreia do Norte, a ouvi-lo num canto de uma recepção de hotel, em silêncio, às escuras.

Minutos depois, seis euros por cada um, ao atravessar os corredores do 25º andar, lembrava-me do hábito de ir buscá-lo à escola: a mesa posta para o lanche, a caneca do Barcelona. Ou das histórias que invento ao deitá-lo, esse momento sussurrado, e eu a adormecer sempre com ele e, mais tarde, a acordar estremunhado e a ir para a minha cama.

Já no quarto, à janela, passando o olhar sobre Pyongyang, duvidava de tudo. Às vezes, pensava:

O que faço eu aqui?

Essa pergunta vinha desde tão de dentro que o seu caminho feria-me.

A essa hora, o sol levantava-se vermelho sobre a cidade. De janela aberta, apenas se ouviam as máquinas que extraíam areia do rio Taedong.

Na véspera, antes de adormecer, tinha passado bastante tempo à janela a sentir o mesmo desconforto, mas faltaram-me as palavras certas e culpei a cara a arder.

Era um quarto com mobílias de outros tempos. Os cortinados pareciam pertencer com mais lógica estética à casa de uma família. Tinha duas camas de colchões duros, como todos os que se encontram na China. Cada cama tinha uma coberta de algodão com um buraco em forma de losango no meio. Esse losango mostrava os cobertores que estavam por baixo, felpudos de lã sintética, tão garridos que pareciam em chamas. Diante da janela, estava uma mesinha muito delicada: um cinzeiro sobre um *napperon*. Na parede, um calendário, cada mês ilustrado por imagens grosseiramente retocadas no *photoshop*. Exemplo: uma paisagem de campos preenchidos por plantas verdes e geométricas; um ramo cheio de frutas a surgir em primeiro plano, no canto inferior esquerdo; um horizonte de montanhas perfeitas e um grupo de trabalhadores carregados de bandeiras vermelhas ao vento, a seguirem um trator de cores imaculadas.

Tudo o que se via no quarto estava limpo, percebia-se que tinha sido arrumado com detalhe, mas havia uma certa falta de harmonia entre mobílias e objetos, como se chegassem de contextos diferentes, como se fossem prémios de rifas numa quermesse.

Na casa de banho, tentava-se a sofisticação de outros hotéis, mas com poucos recursos. "Desinfectado para sua proteção", dizia uma faixa de papel grosso sobre a sanita. No lavatório, havia um pente, um copo, uma escova de dentes e uma caixinha com uma lâmina de barbear.

Eu estava farto da barba que tinha e sabia que, se continuasse a crescer, ia fartar-me mais anda. Por isso, decidi experimentar a lâmina de barbear.

O pequeno tubinho para fazer espuma continha um produto preto que secara havia muito tempo. Era sólido como plástico, a água não tinha qualquer efeito sobre ele. Mas não desisti. Na palma da mão, fiz espuma com o sabonete. A primeira vez que deslizei a lâmina fez-me duas feridas com sangue. Era como se me arrancasse os pelos um a um. Por falta de ponderação, tudo ou nada, comecei por tirar metade do bigode. Depois, não havia retrocesso possível. Não podia desistir com meio bigode. No fim, quase me parecia mais produtivo puxar os pelos com a ponta dos dedos. A pele da minha cara ardia tanto que fiquei com febre.

O papel higiénico era castanho e grosso, mas servia para cortar em pedacinhos e colocar sobre as feridas que me pontilhavam todo o rosto.

No nascer da manhã seguinte, a súbita falta de sentido. Apesar disso, o sol levantava-se mais e deixava um halo vermelho sobre o contorno dos prédios. Enquanto mastigava uma das barrinhas de cereais que tinha levado, eu sabia o que me estava a fazer falta. Vesti os calções, uma camisola branca, calcei as minhas sapatilhas e comecei logo a fazer exercícios de aquecimento.

O hotel Yanggakdo fica na ilha Yanggak, no meio do rio Taedong, na zona sul de Pyongyang. A ilha é atravessada por uma ponte, mas os estrangeiros são avisados com muita seriedade que não devem, sob nenhum pretexto, pisá-la e, menos ainda, atravessá-la.

Entenderam?

E o discurso só avançava quando todos dissessem, um por um, que entenderam.

Na Coreia do Norte, os estrangeiros não podem andar sozinhos na rua. Esta é a primeira e mais importante regra que qualquer visitante tem de seguir. É uma regra de ferro, de pedra ou de qualquer outro material de rigidez sem apelo.

Um dos guias, menina Kim, falava bem a língua estrangeira do grupo que acompanha, neste caso a língua inglesa, e sabia tudo o que tinha de dizer sobre os lugares a visitar; o outro guia, senhor Kim, falava com mais dificuldade a língua estrangeira do grupo, apenas o suficiente para controlar aquilo que era dito, e sabia muito menos sobre os lugares e os monumentos, nunca falava sobre isso. Ao fim de pouco tempo, era muito óbvio que da mesma maneira que controlavam os visitantes, ambos os guias se controlavam mutuamente.

Na Coreia do Norte, entre os visitantes estrangeiros está sempre latente o receio de se afastarem. Ninguém quer ir para lugares onde não deva e ficar sujeito aos castigos que imagina.

Na ilha de Yanggak, subentendia-se que não devíamos sair do hotel. Havia lá tudo o que podíamos precisar: uma loja com vestidos tradicionais, garrafas de água e pacotes de bolachas; uma livraria com as obras completas dos líderes; um salão de cabeleireiro, onde se podia fazer uma permanente por doze euros, o equivalente a um telefonema de dois minutos para a Europa. Por curiosidade antropológica, gostava de ter conhecido uma dessas pessoas que aproveitam a estadia na Coreia do Norte para fazer uma permanente.

Havia também o restaurante nº 1 e o restaurante nº 2. Com as portas lado a lado, com o nome anunciado em letreiros luminosos paralelos. Como irmãos gémeos, muito penteados e arranjados, mas com um traço sinistro na expressão, gerações de consanguinidade.

Porque tinha interiorizado a proibição de ir onde quer que fosse, fiquei muito surpreendido quando, antes, perguntei à menina Kim se podia correr. Respondeu-me logo que sim, claro que sim. Grande sorriso. Tentei perguntar-lhe até onde podia ir. Sorriso a desvanecer-se. Não respondeu concretamente. Fiquei com a sensação de que podia correr até onde me parecesse razoável. Essa era uma resposta boa e má.

O hotel tinha uma alameda larga diante da porta. Foi por aí que saí a correr, intrépido aventureiro.

Corri durante 49 minutos e 12 segundos.

Para além do hotel, a ilha alberga a Casa Internacional do Cinema de Pyongyang, onde tem lugar anualmente o Festival Internacional de Cinema de Pyongyang, fruto da paixão de Kim Jong-il pelo cinema e uma das poucas oportunidades para a entrada de estrangeiros no país e para o contato de alguns coreanos com cultura estrangeira.

Na outra ponta da ilha, existe também o estádio de futebol Yanggakdo. Esse era o meu objetivo.

Após alguns minutos, passei por centenas de mulheres a cavar. Era uma multidão de mulheres com mais de sessenta anos, cavavam uma superfície não muito grande. Eram tantas mulheres a cavar, eram centenas. As enxadas e as pás tinham pouco espaço para trabalhar por serem tantas. Ali, o início da manhã cheirava a terra e misturava-se com o barulho das pás e das vozes. Num canto, um círculo de mulheres de cócoras tirava sementes de plantas secas. Noutro canto, um grupo de mulheres entrançava cordas a partir de palha. Essas cordas eram usadas por pares de mulheres minuciosas, uma em cada ponta, para traçarem regos simétricos que, depois, eram cavados pelas centenas de mulheres presentes.

Era o trabalho voluntário. Numa manhã, crescia ali uma horta instantânea.

Enquanto eu passava a correr, muitas dessas mulheres olhavam para mim. Sorri, sentindo aquilo que em muitas ocasiões senti na Coreia do Norte: naquele instante, perante aquelas pessoas, eu representava todo o mundo ocidental, todo o mundo exterior à Coreia do Norte.

Desci por uma pequena estrada esburacada que passava por baixo da ponte e que me parecia dirigir-se ao estádio. Atrás de uma moita, estavam três mulheres agachadas ao lado umas das outras. Virei o rosto, mas a estrada era tão próxima do lugar onde estavam que, ao passar, ouvi o assobio dos seus três jatos de chichi.

Às voltas pelo exterior do estádio, passei por uma estátua suspensa no momento anterior a dar um pontapé numa bola. Passei entre grupos de pessoas inclinadas sobre o chão a varrerem com vassouras de palha. Eram sobretudo homens e mulheres de vinte e tal anos. Encostado a uma parede do estádio, um homem com um altifalante distribuía tarefas a uma multidão. Grupos, pares ou indivíduos sozinhos saíam em direção a algum lugar, bem-mandados.

Aproximei-me de uma das portas do estádio, guardada por

um militar com menos de 1,5 metro de altura. Por gestos, perguntei-lhe se podia entrar e ver. Cara muito fechada e feia, respondeu que não. Continuei a correr, algumas centenas de metros mais tarde, passei por outra porta aberta, guardada por ninguém. Não fiz perguntas, entrei. Passei por um corredor amplo mas escuro e subi por umas escadas até um portão fechado a cadeado. Espreitei por uma fresta. Nas bancadas do estádio e no relvado, havia uma multidão dispersa a limpá-lo.

Quando saí, cruzei-me com um casal nesse corredor silencioso e mal iluminado. Encolheram-se de encontro a uma parede como se fingissem não me estar a ver.

Continuei a dar voltas no exterior do estádio. A partir de certa altura, já tinham sido atribuídas tarefas a todos. No lugar onde antes estavam a multidão e a voz do megafone, havia apenas uma quantidade enorme e muito organizada de sacos de plástico atados, cheios de roupa talvez, e uma grande quantidade de bicicletas estacionadas.

Devagar, um carro da polícia veio na minha direção.

Pensei mil coisas, mas continuei a correr ao mesmo ritmo, não muito rápido. Miraram-me de alto a baixo, mas passaram e, das mil coisas que pensei, não aconteceu nenhuma.

Faltavam vinte minutos para as nove da manhã quando saí do quarto, lavadinho, ginasticado, com menos dúvidas. A água quente tinha funcionado. Estava alerta, os elevadores não me haviam de fintar. Carreguei no botão para subir. O pequeno-almoço seria servido no restaurante giratório.

Do alto de 47 andares, Pyongyang estendia-se como o mapa que tinha comprado na livraria, sem indicação de nomes de ruas ou referências práticas, apenas com a indicação dos monumentos e edifícios oficiais. A cidade estava coberta por uma neblina que, misturada com o sol, adoçava os ângulos cinzentos dos prédios.

Pareceu-me que o restaurante giratório se movia muito

devagar, mesmo muito devagar. Depois, percebi que estava parado. Tão perto do aniversário do grande líder e com visitantes estrangeiros, aquela era a melhor ocasião do ano para funcionar. Tentei fazer perguntas. Os empregados não sabiam falar inglês, só sabiam abrir os olhos e responder aos meus gestos com risinhos. A menina Kim não tinha resposta para dar. Talvez quisessem poupar luz ou, mais provavelmente, talvez o restaurante giratório estivesse avariado.

Se assim foi, tomei pela primeira vez o pequeno-almoço num restaurante avariado. Como em todos os dias até ao fim da viagem, o pequeno-almoço consistiu em: chá, pão, um ovo frito, pacotinhos de manteiga fora do prazo e pacotinhos de doce fora do prazo.

Nos corredores do metro, havia muitas crianças sozinhas. Com uniforme de saia ou calças azul-escuras, casaco azul-escuro e lenço vermelho de pioneiro, iam tranquilas, dirigiam-se para algum lado. Nenhum dos livros que li mencionava este detalhe. Entre o grupo de estrangeiros com quem viajei não ouvi ninguém referir--se a isto. Na Coreia do Norte, a maioria dos estrangeiros está alerta para as diferenças, mas não para todas. Aquilo que se quer ver é uma parte grande daquilo que se vê.

A baixa estatura dos coreanos pode enganar quando se tenta calcular idades. Ainda assim, entre as crianças que vi sozinhas no metro, creio que as mais novas deveriam ter à volta de cinco ou seis anos. Os seus rostos não apresentavam uma mínima sombra de medo.

Recordo o quanto isso seria impensável para uma criança normal, com pais, na capital de qualquer um dos países daquelas pessoas que ali estavam de visita.

Num mundo imperfeito, não há ninguém que esteja sempre certo.

Da mesma maneira, ninguém está sempre errado. Na Coreia do Norte, com muita frequência, vi crianças a serem acarinhadas pelos mais velhos. Tanto podia alguém com idade de ser avô ou pai estar abraçado a uma criança, compenetrado nesse gesto ou a prestar atenção a outra coisa, a falar com alguém talvez, mas sem parar de fazer festas; como podia uma criança estar a abraçar alguém mais velho, a fazer-lhe festas com naturalidade. Muitas vezes, assisti a trocas de afeto entre adolescentes, adultos, ou crianças abraçadas, de mãos dadas. Esses sinais de carinho eram independentes do sexo, rapazes abraçados a rapazes, de mão dada, raparigas abraçadas a raparigas, rapazes abraçados a raparigas, nenhum problema. Ainda assim, o cuidado dispensado às crianças foi aquele que mais me sensibilizou. Essa ternura, repetida ao longo dos dias, amenizava bastante outros aspectos da paisagem. Não é quantificável, como o Produto Interno Bruto, o número de médicos por mil habitantes, mas acredito que é igualmente uma marca de desenvolvimento civilizacional.

Crianças a caminharem sozinhas pelas ruas, a apanharem o metro sozinhas, talvez porque existiam militares em cada esquina, talvez porque viviam num Estado policial ou talvez por outro motivo qualquer, que também poderemos considerar se nos permitirmos a ver as questões por mais do que apenas uma perspectiva.

Entrei no metro pela estação de Puhung. O tamanho das escadas rolantes impressionava. A 120 metros abaixo do solo, o metropolitano de Pyongyang é o mais profundo do mundo. Naquela manhã, havia muita gente a utilizá-lo. As escadas rolantes estavam cheias. A estação de Puhung também. Havia muito espaço, tudo era enorme: lustres suntuosos, tetos trabalhados, as paredes fixas com grandes extensões de mármore esculpido e murais repletos de detalhe que, nessa estação, mostravam a prosperidade industrial de um lado e a prosperidade agrícola do outro. Ao fundo, um mural também grande, 15,6 x 9,25 metros, do grande líder a sorrir entre trabalhadores.

Os comboios passavam de um e de outro lado, encostados aos murais. Ao centro, quem esperava ia-se ocupando a pontapear discretamente o vazio ou a ler jornais de parede, afixados em mostradores presos a pequenos postes. Em todas as imagens desses jornais estava pelo menos um dos líderes.

Na estação, havia uma rapariga, fardada e bonita, que esperava pelos comboios e que prestava atenção às portas. Quando chegava um comboio, chapas de ferro pesado, tinta grossa verde e vermelha, trazia duas ou três raparigas, também fardadas e também bonitas, que se inclinavam pelas portas, certificando-se de algo que, ali, quase de certeza, não precisava de ser certificado. As pessoas saíam ordenadas e entravam ordenadas.

No interior dos vagões, havia claridade antiga. Uma voz de telefonia estendia uma narração ininterrupta através de colunas roufenhas. Sentados, sem curiosidade, os passageiros seguiam em silêncio, não porque estivessem a prestar atenção àquele ruído, mas por perfeita civilidade. As paredes estavam forradas a fórmica, sem um risco, sem uma mancha. E, ao fundo de cada vagão, no topo, sempre presentes, as fotografias de Kim Il-sung e de Kim Jong-il.

Fiz um caminho de seis estações, saindo em algumas delas e olhando para as imensas colunas de mármore, para os murais e para as pernas das mulheres.

As colunas de mármore podiam ser esculpidas com um ou outro motivo, podiam ser mais grossas ou com intenções mais minuciosas. Num ou noutro caso, parecia sempre que estavam a sustentar um palácio enorme. Os murais podiam representar cenas da natureza, como na estação de Yonggwang, mas mais habitualmente consistiam em quadros, onde ficavam expressas as ações heróicas dos trabalhadores e dos líderes norte-coreanos.

Com mais de trinta metros de comprimento, essas imagens seriam de grande realismo num mundo correto, proporcional, de justiça absoluta, onde nada saísse dos seus contornos, onde ninguém tivesse qualquer dúvida.

As pernas das mulheres indiciavam outro tipo de mundo. Às vezes, em movimentos bruscos, era possível olhar para debaixo dos vestidos tradicionais. Então, podia ver-se as calças que as mulheres traziam por baixo. No caso de escolherem outros vestidos ou saias mais curtas, mas que tapavam sempre os joelhos, as mulheres usavam *collans*, opacos ou quase, e, por cima, meias de algodão ou lã a cobrir os pés e os tornozelos. Também eram comuns as calças largas, de fazenda. As camisas estavam sempre abotoadas até ao último botão, apertadas de encontro ao pescoço e nos pulsos. Como em toda a Ásia, também na Coreia do Norte as mulheres evitam ao máximo apanhar sol. Era comum usarem uma maquilhagem de pó branco sobre o rosto, enfarinhadas.

Saí na estação que ficava ao lado do Arco do Triunfo. "Como o de Paris, mas maior", repetiu a menina Kim. Da revitalização ao triunfo. Os nomes das estações por onde passei, traduzidos, significam: Revitalização, Glória, Lanterna, Vitória, Reunificação, Triunfo.

O Museu do Metro de Pyongyang interessou-me pouco. Demasiados objetos tocados pelo grande líder: cadeiras onde se sentou quando foi ver as obras, a lanterna usada pelo guia que o acompanhou, o copo de alumínio por onde bebeu etc. Também um mapa com estrelas amarelas junto das estações a assinalar as visitas de Kim Il-sung e estrelas verdes a assinalar as visitas de Kim Jong-il. Era muito mais um museu sobre as visitas dos líderes ao metro do que sobre o metro.

Perante a fita que Kim Il-sung cortou a 5 de setembro de 1973 e a tesoura com que a cortou, a guia do museu repetiu a frase que o líder disse após esse ato solene: "foi difícil construir o metro, mas não foi difícil cortar a fita". E fez uma pausa comovida, silêncio de segundos, para que pudesse ser avaliada a dimensão da empatia do grande líder para com os trabalhadores. A gravidade desse silêncio pareceu-me descabida perante uma constatação ridícula de tão óbvia.

Na Coreia do Norte, são vários os museus que fazem terminar a sua visita com um panorama. No Museu do Metro de Pyongyang, faltou a eletricidade e não foi possível assistir ao panorama. Ainda bem. Estava farto e apetecia-me apanhar ar.

Esses panoramas são uma tradição artística em vinte países, quase todos na Ásia. Normalmente, consistem num espaço com uma parede redonda, completamente pintada com um cenário que, com a ajuda de iluminação adequada, de efeitos sonoros e de alguns objetos, pretende transmitir a sensação de se estar num determinado sítio. O panorama que não vi representava as obras de construção do metro.

Museu da Vitoriosa Guerra de Libertação da Pátria, adoro o nome.

Logo a seguir, no Museu da Vitoriosa Guerra de Libertação da Pátria, tive a oportunidade de ver um desses panoramas. Por sinal, um dos mais conhecidos e elogiados de toda a Coreia do Norte.

Antes, uma guia que falava inglês com um maxilar inferior especialmente ativo explicou a maneira como os imperialistas americanos começaram a guerra; como o heroico Exército norte--coreano libertou diversas zonas do país, incluindo Seul; como a cobardia dos inimigos os levou a envolver quinze países, pertencentes a uma associação imperialista conhecida por Nações Unidas, e assim ganharam terreno; também como o Exército coreano, com a ajuda solidária de voluntários chineses, sob a liderança do grande líder, conseguiu frustrar as intenções dos inimigos; e, por fim, de como os inimigos começaram a sugerir negociações quando, na verdade, aquilo que queriam era apanhar o país desprevenido e atacar à traição. Isto, claro, muito resumidamente.

Também seria possível seguir essa narração sem som. A guia exagerava uma expressão de preocupação e dor nos momentos em que o inimigo, graças à sua perfídia, avançava. Depois, como o nascer do dia, o seu rosto iluminava-se quando o valente Exército norte-coreano, sempre sob a firme e sábia liderança do grande líder, garantia mais uma vitória na tal vitoriosa guerra de libertação da pátria.

Na cave do museu, havia camiões, jipes, tanques, barcos, aviões, helicópteros etc. Um dos aviões, segundo a guia, tinha sido cuidadosamente observado tanto por Kim Il-sung, como por Kim Jong-il, que subiram a uma escada e olharam lá para dentro. Ao lado do avião, a escada sob uma campânula e fotografias do momento.

Ao longo dos corredores vazios, de mármore gelado, os passos.

O museu tinha também a "Sala das Atrocidades dos Agressores Imperialistas Americanos" ou a "Sala de Fortalecimento da Capacidade de Defesa Nacional depois da Guerra", entre muitas outras. Segundo a guia, os três andares do museu, somados, ocupavam uma área de 52 quilómetros quadrados.

E, por fim, o panorama. Pintado por quarenta soldados-artistas durante um ano e meio, era constituído por uma tela única de 132 x 15 metros. Recebeu o Prémio do Povo, que é o maior prémio artístico do país.

Tanto nessa tela, como para milhões de norte-coreanos, a guerra ainda não tinha acabado. Até ao horizonte pintado, havia bombas em plena explosão. Os céus estavam manchados pelo fumo de destroços a arderem. E soldados do glorioso Exército Popular da Coreia defendiam aldeias inteiras de crianças e mulheres que estavam a ser atacadas pelo inimigo. Entre campos, montanhas, cidades e aldeias, o panorama apresentava mais de 20 mil indivíduos pintados. A distância até à tela, treze metros, era preenchida por objetos reais, entre os quais: um tanque de guerra, arbustos, árvores, um poste de eletricidade.

O Monumento da Vitoriosa Guerra de Libertação da Pátria ficava do lado de fora do museu. Tratava-se de um passeio de centenas de metros, ladeado por estátuas enormes a representarem cenas militares.

Reparei pouco. Aquilo que me chamou mais a atenção foi a relativa proximidade a que estávamos do extraordinário hotel Ryugyong.

Com 330 metros de altura, com 105 andares, o hotel Ryugyong é incrivelmente invisível para os norte-coreanos. A menina Kim, por exemplo, enquanto caminhava entre as estátuas do Monumento da Vitoriosa Guerra de Libertação da Pátria, nunca olhou diretamente para o hotel Ryugyong, que, recordo, estava ali ao lado e chegava ao céu. Após algumas perguntas sobre o hotel, continuou sem olhar para ele, apenas exibiu o seu sorriso mais artificial e disse que estava em construção. Se houve mais perguntas, não houve mais respostas.

Na Coreia do Norte, ninguém quer falar sobre o hotel Ryugyong. Diz-se a palavra e não há logo reacção, a pessoa para quem se está a falar fica à espera, como se não tivesse sido dito nada.

Quando a construção do hotel começou, em 1987, toda a gente podia falar disso. Era até um assunto que merecia desenvolvimento. Chegaram a ser feitos selos com o que se previa que viesse a ser o edifício que, como tantas outras coisas, demonstrava a superioridade dos norte-coreanos: povo, Estado e líder. O hotel Ryugyong teria quase mais cem metros do que o arranha-céus que uma empresa sul-coreana tinha construído em Singapura e que, na época, era o hotel mais alto do mundo. Esse era o tempo em que se previa que a construção fosse concluída em 1989.

Entretanto, um muro que caiu em Berlim, a 9 de novembro

de 1989, teve grandes repercussões em Pyongyang. Além disso, várias dificuldades técnicas atrasaram a construção. Em 1992, a obra parou. Razões prováveis: falta de dinheiro, falta de energia, incapacidade de fazer chegar as máquinas e os materiais aos andares mais altos.

Esse foi também o tempo em que a grande fome, conhecida no país por "árdua caminhada", começou na Coreia do Norte. Ainda no final dos anos 1980, a União Soviética exigiu a devolução de empréstimos que a Coreia não tinha possibilidade de pagar. Em 1991, com o fim da União Soviética, a ajuda terminou abruptamente e a agricultura norte-coreana não foi capaz de produzir os alimentos necessários para o país. Durante algum tempo, dependeram da China, que, em 1993, garantia 68% da alimentação e 77% de todos os combustíveis consumidos na Coreia do Norte. Logo depois, ainda nesse ano, quando a China teve dificuldades de produção, a ajuda foi cortada de modo radical.

Quando falam sobre a "árdua caminhada", os norte-coreanos preferem referir o embargo imperialista e as cheias. De facto, o país sofreu cheias de enorme violência, as de 1995 destruíram toda a produção agrícola e 85% da produção hidroeléctrica do país.

Independentemente das causas, as consequências foram devastadoras. Consoante se considerem fontes do Estado norte--coreano ou das organizações internacionais, o número de mortos ligados à grande fome oscila entre os 240 mil e os 3,5 milhões. O intervalo é bastante grande, mas a tragédia é extrema mesmo aceitando os muito improváveis números mais baixos. Talvez não seja demasiado repetir: na última década do século xx, na Coreia do Norte, entre 240 mil e 3,5 milhões de pessoas morreram à fome.

Enquanto isso, segundo estimativas da imprensa japonesa, foram gastos 750 milhões de dólares na construção da estrutura e de todo o exterior do hotel Ryugyong.

E foi assim que um edifício com quase dez metros a mais do que a Torre Eiffel de Paris se tornou invisível.

Não estava assinalado nos mapas e, apesar de dominar o horizonte da cidade, não aparecia em nenhuma das muitas fotografias oficiais que a retratavam em livros e folhetos. O hotel Ryugyong trazia más recordações aos líderes.

Ao olhá-lo, oco, bicudo, com a forma de uma nave espacial de mau gosto, ficção científica dos anos 1980, imaginei que tipo de sons se escutariam no seu interior vazio, habitado talvez por insetos e humidade. O que poderia ver um pássaro pousado no parapeito de um dos cinco restaurantes giratórios que formavam o seu topo?

Se olhasse na direção certa, quase de certeza que conseguiria distinguir o Pueblo. Esse é o nome do barco que a Marinha norte-coreana capturou em 1968. Aqueles que os encontraram dizem que estava em águas nacionais, os encontrados dizem que estava em águas internacionais. Atracado no rio Taedong, estava o único barco cativo de toda a Marinha americana. Exemplar único no mundo. Achei interessantes os buracos de balas no aço e as interpretações forçadas que os guias faziam para justificar a intervenção militar de há tantas décadas.

No Museu da Vitoriosa Guerra de Libertação da Pátria, já tinha visto uma reprodução da longa carta que a tripulação do Pueblo escreveu, onde pedia desculpas pelos atos de espionagem e pela conduta dos Estados Unidos. Ainda assim, a tripulação só foi libertada depois de o próprio Estado norte-americano ter escrito uma carta, admitindo que o Pueblo estava de fato a espiar, pedindo sentidas desculpas e garantindo que não o voltariam a fazer. Essa carta, inédita, única, nunca repetida na história dos Estados Unidos, é motivo de grande orgulho para os norte-coreanos, apesar de o governo americano ter afirmado logo a seguir que apenas foi escrita em função das circunstâncias.

Até ao momento, a Marinha americana ainda considera o Pueblo como uma embarcação ativa da sua frota, ainda em comissão, apesar de se encontrar retida. Em Pyongyang, ninguém considera que o barco alguma vez sairá do país, é um troféu, prova da maldade intrínseca dos americanos e da superioridade evidente dos norte-coreanos. O seu interior é um bom cenário para fotógrafos amadores.

A menina Kim mostrava-se animadíssima. O horário estava a ser cumprido à risca, o que permitiria fazermos a viagem sem pressa.

Minutos depois, estava eu a escolher uma arma. Primeiro, uma espingarda.

As cabines eram seguidas e numeradas. Diante de cada uma, após linhas paralelas e uma distância de ervas baixas, estavam os alvos. Fiz pontaria por ser tradição, não por me parecer que pudesse acertar.

Havia uma rapariga fardada, militar, a carregar-me a espingarda, muito séria e sem qualquer interesse de saber se eu acertava ou não. Só queria que os outros tiros fossem rápidos. Ao primeiro tiro, os meus ouvidos começaram a apitar. Ao segundo, apitaram mais. Não sei onde é que acertei. As balas desapareceram. Matei o desconhecido.

Precisei de ir à Coreia do Norte para dar um tiro pela primeira vez.

Os resultados com a pistola foram semelhantes. O senhor Kim deu-me alguns conselhos, mas não serviram de muito. Fiquei com os dois ouvidos a doer. Durante algum tempo, os tiros continuaram em todas as outras janelas. Com rabo-de-cavalo, maquilhagem e luvas, as militares carregavam as armas, indiferentes. O ar cheirava a pólvora e a ferro.

A carreira de tiro ficava na Vila Desportiva de Mangyongdae. Na mesma rua, havia pavilhões de andebol, ténis de mesa, desportos de combate, badmínton, levantamento de pesos, voleibol, basquetebol, *taekwondo* e um complexo de piscinas. As formas diferentes de cada pavilhão, com arquitetura de grande obra do passado, davam a essa rua um ambiente de modernidade antiga, disfuncional e deprimente.

Estava pronto. Chegou a hora de começar a viagem. Nessa noite, iríamos dormir a Kaesong, no sul, junto ao paralelo 38, a fronteira com a Coreia do Sul.

O entardecer era lento.

Passámos sob o Monumento das Três Cartas para a Reunificação Nacional, um arco gigante à saída de Pyongyang, formado por duas enormes mulheres de pedra, com vestido tradicional, segurando um globo que exibia o mapa unificado da Coreia. À nossa frente, a melhor autoestrada do país, completamente deserta, retas até ao horizonte sem um único carro. A menina Kim levantou-se e sorriu bastante:

O.k.

E disse qualquer coisa que não entendi. Era estridente o apito que me feria os ouvidos.

Algumas pessoas tinham os braços no ar.

Olhei em volta e perguntei ao canadiano do banco ao lado o que se passava. Com paciência e a articular bem todas as palavras, explicou-me que, em Kaesong, ao jantar, haveria carne de cão. A menina Kim estava a perguntar quem queria.

Sem pensar muito, levantei o braço direito.

A Zona Desmilitarizada estava cheia de militares. Um deles esperava-nos, uniforme impecável, patente alta e ligeiro buço. Não tinha mais de vinte e poucos anos. O início da Zona Desmilitarizada era marcado por uma cancela de ferro no meio da estrada e vários murais, sempre cores vivas, sempre como se tivessem acabado de ser pintados. Num deles, sobre um fundo cor-de-rosa, estava o mapa unificado da Coreia feito de flores brancas, com duas crianças a rir; noutro, também o mapa unificado da Coreia, com uma mão em primeiro plano, o indicador erguido, assertivo, como se afirmasse: 1!

Havia também um sinal de trânsito, sozinho, triste, a indicar que Seul estava a setenta quilómetros.

Numa sala, um enorme quadro com o mapa de toda aquela área e as explicações sisudas do militar com buço, traduzidas para inglês pela menina Kim. Com 257 quilómetros de comprimento, a fronteira atravessava a península de um lado ao outro. A envolver essa extensão, com uma largura de quatro quilómetros, a Zona Desmilitarizada é uma faixa de segurança com o objetivo de proteger as tréguas, promovendo a contenção militar. A Zona Militarizada, despovoada de civis, pouco frequentada por pessoas, acabou por transformar-se num espaço de grande proteção da natureza, com plantas e animais raros noutros pontos do território.

Seguindo na direção da fronteira, chegamos às casas de madeira, onde se fizeram reuniões a partir de 1951, lentamente negociando o fim da guerra. Durante dois anos, houve mais de setecentos encontros com os americanos para discutir todos os detalhes do armistício.

Enquanto isso, morreram centenas de milhares de pessoas.

Eram paredes atravessadas por janelas e rodeadas de primavera. Apesar de estarem lá as mesas originais, de lhes ter tocado, não me foi fácil imaginar que alguém pudesse discutir uma guerra ali, no meio de um jardim com árvores, ramos inteiros cheios de pássaros ignorantes de fronteiras. O militar-guia, com as pálpebras estendidas até quase ao fundo dos olhos, falava com boquinha esticada, quase como se estivesse a assobiar ou se fosse mandar um beijinho a alguém. As bandeiras eram as originais do dia de assinatura do armistício. Um dos visitantes, que sabia falar coreano, sussurrou-me que quando o militar dizia "imperialistas" ou "assassinos", a menina Kim traduzia sempre por "americanos".

O monumento dedicado à última assinatura de Kim Il-sung estava já muito mais perto da fronteira. Para a menina Kim a existência daquela assinatura certificava que o grande líder tinha morrido a trabalhar, durante o próprio ato. A assinatura estava gravada numa pedra com 9,40 metros de comprimento e 7,70 metros de largura. Essas medidas simbolizavam o ano, 1994, o dia e o mês, 7 do 7, do último dia de Kim Il-sung. De certeza que a pedra era bastante pesada.

Por fim, a fronteira entre as Coreias.

Da varanda de um edifício, víamos várias casas de madeira,

com ar de casernas de quartel, baixas e compridas, dispostas de forma perpendicular à fronteira, atravessando-a, ficando essas casas com 50% do seu tamanho de cada lado. A fronteira estava marcada no chão com uma linha de pedra. Tanto a norte como a sul, havia militares de sentinela.

Costuma escrever-se que os militares que a Coreia do Norte escolhe para esta posição são excepcionalmente altos e bem alimentados, de modo a dar a entender ao Sul que as condições do país são melhores do que realmente são. Sem que lhes tenha inspecionado a alimentação, pareceu-me que a altura dos soldados não era desproporcionada. O paralelo 38 é um dos pontos mais sensíveis de todo o país, parece-me normal que sejam destacados militares de elite para essa posição. Acredito que a Coreia do Sul faça o mesmo.

Do outro lado da fronteira, depois das casas-casernas, mais ou menos à mesma distância, havia um edifício muito parecido com aquele onde estávamos, talvez um pouco mais moderno, com mais vidro na fachada. Lá ao fundo, entre árvores, um enorme poste, mais alto do que tudo, com a bandeira da Coreia do Sul.

Saímos por uma porta na direção da fronteira. Ficamos a pouca distância das casas e dos militares. Toda a gente parou de sorrir. A partir daí, foi como se fosse proibido sorrir.

O militar que nos acompanhava colocou-nos numa formação de dois a dois. Esperamos que os soldados de um lado e de outro se movimentassem de um modo que, ali, foi misterioso. Quando houve a certeza de que estava tudo pronto, mandaram-nos avançar.

Dois a dois, como se marchássemos, seguimos em direção à caserna do meio. Os sentinelas, à nossa espera, abriram a porta. A cor por dentro era igual: azul-claro. Também tinha cortinas da mesma cor.

Era uma sala com uma mesa ao centro.

Alguns precipitaram-se para passar a fronteira e pisar os quatro ou cinco metros de Coreia do Sul que estavam disponíveis. Também lá fui, claro. Dentro daquelas paredes azuis, a Coreia do Sul era igualzinha à Coreia do Norte.

Depois, seguiu-se uma conversa cheia das datas e pormenores das reuniões que foram acontecendo naquela sala até 1991. Li muitas vezes que a fronteira é o ponto mais tenso da península. O adjetivo utilizado repetidamente é "tenso". A tensão, como tantas outras coisas, está em grande parte na pele de quem a sente. Aqueles militares rígidos, esticados, aparentavam estar tão tensos como centenas de outros que se viam na mesma posição, à frente de edifícios oficiais ao longo do país. Ainda assim, o adjetivo é adequado no que se refere ao extremo mau ambiente: nublado até com sol, indiferente às estações, com pessoas cinzentas por dentro, como uma repartição de finanças vezes mil.

Fora da Zona Desmilitarizada, depois de poucos quilómetros em estradas de terra e buracos, fui sacudido até chegar ao cimo de um monte inclinado sobre a Coreia do Sul. O muro, o muro, íamos ver o muro.

Segundo a explicação de um militar, bastante mais sorridente do que o anterior, tratava-se de um muro que a Coreia do Sul tinha construído ao longo de toda a Zona Desmilitarizada, no final dos anos 1970. Os sul-coreanos, mal aconselhados pelos americanos, nunca tinham admitido essa construção vergonhosa, mas estava ali à vista de todos.

Numa varanda, meia dúzia de binóculos velhos sobre tripés. Todos apontados para o mesmo ponto, sem possibilidade de se moverem. Tanto o militar que tinha feito a explicação, um senhor de cinquenta e tal anos, baixinho, como a menina Kim esperavam que toda a gente dissesse que tinha visto o muro e demonstrasse condenação. Foi o que quase todos fizeram. Era verdade que se via uma linha ao longo da paisagem que os binóculos mostravam.

Mas também era verdade que, apontando os binóculos ligeiramente para o lado, deixava de se ver. Para conseguir essa manobra, era preciso levantar o pesado tripé de aço no ar.

Eu estava cheio de sono e aceitei como mais credível a versão dos americanos, que tinha lido antes de chegar: recusavam a ideia de haver um muro, mas admitiam a existência de algumas barreiras antitanques ao longo da Zona Desmilitarizada.

O muro só se via do lado da Coreia do Norte. O militar tinha uma explicação toda engenheira e arquiteta sobre esse ponto.

Eu não parava de bocejar e tinha os olhos vermelhos, dificuldade de mantê-los abertos.

Tentei descansar um pouco no caminho para o Museu Koryo de Kaesong, mas não consegui. O militar-guia do posto de observação do muro tinha vindo de boleia e, ao microfone, cantou a música de homenagem a Kim Jong-un durante o caminho todo. Além disso, a estrada, os buracos.

A dinastia Koryo durou entre os séculos X e XII. Neste período, a tradição cultural da península coreana foi fundada. O nome do país no Ocidente, Coreia, deriva do nome desta dinastia. Infelizmente, eu estava com demasiado sono para aproveitar o museu e as explicações dadas por uma guia com um enorme ponteiro. Gostei das cores pintadas na madeira dos pavilhões. A forma como as traves de madeira absorviam aquele ocre e aquelas formas também se encontra na China e, parece-me, faz parte da experiência da Ásia.

Mas eu estava cheio de sono. De madrugada, a partir das cinco da manhã, nas ruas de Kaesong, as carrinhas brancas com altifalantes no tejadilho começaram a emitir os seus discursos com toda a potência: a voz de uma mulher emocionada, sem parar, entre música épica. Às vezes, a música prolongava-se um pouco e eu recomeçava a adormecer. Mas não tinha ainda chegado ao sono verdadeiro e voltava a ser despertado pela mulher com a sua voz

83

de drama. Os altifalantes distorciam a gravação, o vento aproximava-a e afastava-a. De madrugada, com metade do cérebro acordado, odiei aquela mulher e enviei-lhe o desejo de uma dor de cabeça para onde quer que ela estivesse naquele momento.

Em Kaesong, o colchão do quarto estava assente no chão. Era um hotel tradicional coreano. O quarto tinha portas de papel, o que não ajudou quando os altifalantes começaram o seu trabalho. O chão era aquecido. As casas tradicionais coreanas têm um sistema de canos que aquece o chão desde o fogão de lenha, onde se cozinham as refeições. No meu quarto, o chão estava a escaldar. Havia uma esteira de palha que ocupava todo o piso, mas, mesmo assim, queimava a planta dos pés quando me descalçava. O quarto tinha dois colchões estendidos lado a lado. A meio da noite, tive de pôr um sobre o outro porque não aguentava o calor que vinha do chão.

A televisão tinha comando. Antes de adormecer, liguei-a. Como em todos os lugares, apenas um canal. Estava sintonizado em todos os números e, quando mudava, estava a dar o mesmo programa em todos. Mudar números e ver sempre o mesmo aumentava a ansiedade da falta de alternativa. Como se cada vez que se carregasse no botão houvesse a expectativa de ver uma imagem diferente e, depois, quando mudava, houvesse a decepção de ser sempre o mesmo canal, o mesmo canal, o mesmo canal.

Essa frustração não durou muito tempo porque acabou a eletricidade logo a seguir. Utilizei então a lanterna a pilhas que tinha sido aconselhado a trazer. Li mais algumas páginas de *D. Quixote*.

Eu, em Kaesong, a ler *D. Quixote*, à luz de uma pequena lanterna de bolso, sobre um chão escaldante.

Quando terminei de ler, não adormeci logo: o chão, muito que pensar e, também, matilhas inteiras de cães a ladrarem e a uivarem na distância. Era incomodativo, sobretudo para a consciência. Uivavam como se me recriminassem, como se jurassem que haviam de perseguir-me durante toda a vida, como se fossem cães fantasmas, almas penadas de cães. Uivavam como se soubessem o que tinha acontecido.

À chegada a Kaesong, a mesa do jantar estava à espera. Era baixa e comprida. Havia pilhas de sapatos à porta. Toda a gente se sentava no chão, coberto por uma esteira semelhante à do quarto. Como em todos os lugares onde fui, comia-se com pauzinhos de metal. Cada pessoa tinha sempre um pequeno prato e uma tigela à sua frente. Não devia faltar muito para chegar alguém a distribuir paninhos húmidos para limpar as mãos, o que aconteceu segundos após sentar-me. Como sempre, como sempre. Ao longo da mesa, havia algumas tigelas de *kimchi*.

Talvez seja o alimento coreano mais tradicional, aquele em que mais gente pensa quando se lembra de comida coreana. O *kimchi* pode ser feito a partir de diversos vegetais, mas, normalmente, é feito de couve, que é deixada a marinar num caldo de especiarias picantes, fechada em frascos durante meses ou anos, e que é servida depois de fermentada. O cheiro de um pequeno prato de *kimchi* enche uma sala.

Na Coreia, em situações como aquele jantar, a etiqueta determina que se sirva primeiro os pratos mais nobres e, só depois, de modo decrescente, os mais comuns. O último costuma ser arroz branco.

Comi carne de cão de duas maneiras: sopa de cão e cão frito.

Frito sabia a pombo. Vinha num pequeno prato uma porção de carne desfiada e fígado. Não trazia temperos fortes. Cortado em tiras finas, o fígado frito sabia a iscas. O montinho de carne desfiada sabia a pombo.

Desde criança que tive muitos cães. Fui amigo de muitos cães. Já tinha imaginado diversas vezes, com repulsa, o que seria comer carne de cão. Duvidava de que fosse capaz de mastigá-la e engoli-

-la. A caminho de Kaesong, quando se perguntou quem queria comer carne de cão, combinei com o canadiano do banco ao lado que dividíamos os pratos. Assim, podíamos experimentar frito e na sopa, não tínhamos de escolher apenas uma opção. Eu estava convencido de que apenas queria provar. Mas quando trouxeram a comida, a carne de cão, toda a gente à minha volta comeu com tanto apetite que esqueci os escrúpulos.

Ainda assim, a sopa custou-me um pouco. Na terrina, boiava num caldo com rodelas de gordura. A carne da sopa era mais grossa, com tiras de banha e ossos. Não é agradável roer ossos de cão.

Na sopa, parecia carne de vaca. Mas era carne de cão.

O canadiano estava enjoado dos solavancos da viagem e não comeu muito. Não gosto de desperdiçar. Comi os dois pratos quase sozinho.

Mas assim que entrei no quarto, fui lavar os dentes. As torneiras não tinham água, a banheira estava cheia e tinha um alguidar para tirar a que fosse precisa. Lavei bem, não queria ter fios de carne de cão entre os dentes. Depois, lavei a língua, não queria ir para a cama com hálito a carne de cão.

No dia seguinte, bocejei também nos túmulos reais da dinastia Koryo. Eram incríveis e ficavam num lugar incrível, lugar de paz e natureza, mas eu estava cansado, sono pouco e fraco.

Para chegar aos túmulos, subia-se por uma escadaria de pedras enormes, degraus rodeados de erva, entre estátuas altas e arbustos. Lá em cima, a paisagem do longo caminho que tinha feito e montanhas, muita grandeza. Os túmulos eram redondos, sobre uma base de pedra trabalhada, o topo era uma semiesfera perfeita coberta de relva.

Consegui fechar os olhos até ao centro de Kaesong. Não sonhei. Foi sono preto e direto, bem aproveitado. Quando cheguei à estátua do grande líder, estava com os sentidos mais nítidos.

O monte Janam não era muito íngreme. No seu topo, a estátua de Kim Il-sung era mais baixa do que a de Pyongyang, mas continuava a ser alta. Ao contrário da outra, não estava a apontar para nada, tinha uma mão atrás das costas e a outra ao longo do corpo. À sua frente, estava a rua principal da cidade, uma avenida longa, ampla, atravessada por centenas de pessoas ao longo da sua extensão, deserta de carros ou, muito ocasionalmente, atravessada por um carro lento. Os altifalantes pendurados nos edifícios e nos postes passavam música que chegava distante ao cimo do monte Janam.

Alinhamo-nos diante da estátua do líder e fizemos uma vénia demorada, mais uma.

Depois, afastei-me um pouco. Entre árvores, pinheiros, encontrei uma rocha que formava uma espécie de varanda sobre um lado da cidade. Os altifalantes ouviam-se menos, misturavam-se com o vento. À minha frente, tinha um mar de telhados tradicionais, dispostos em todas as direções, telhas grossas. Eu passava o olhar desde uma ponta à outra. Lá em baixo, o meu olhar era uma brisa que ninguém via mas que, acredito, se podia sentir na pele. Havia o silêncio impressionante da ausência total de motores e ruídos modernos. Escutava-se alguém que martelava ferro, cães a ladrar, algumas sílabas desfiadas de vozes, uma cabra nova a berrar, pássaros.

Nesse momento, pareceu-me saber exatamente por que tinha ido à Coreia do Norte, tão longe.

Entre as casas, no emaranhado de ruas estreitas, podia ver um homem a passar de bicicleta, uma mulher velha a puxar uma vaca, ou um grupo de rapazes que corriam atrás de um papagaio de papel, uma cor tranquila que deslizava e que continuava a ver sobre os telhados, mesmo depois de os rapazes desaparecerem.

O que será que estavam a fazer?

Pessoas de todas as idades a apanharem qualquer coisa miúda da terra ou a partirem pedras com uma pequena ferramenta. Mulheres a carregarem às costas pilhas de lenha, presas a algo com alças, como uma mochila. Um adolescente deitado no chão, a guardar meia dúzia de ovelhas. Seis rapazes pequenos a brincarem dentro de um barco no centro de um lago. Três soldados a passearem com as mãos nos bolsos e a olharem muito admirados. Um homem a pedalar com esforço, carregando um porco morto, preso com cordas na parte de trás da bicicleta. Um rapaz a guiar um grupo de cabras com uma varinha muito fina. Outro rapaz a guiar um grupo de cabras à pedrada, atirando pedras para um e para outro lado.

E toda a terra arada, toda a distância coberta por linhas até às montanhas lá muito ao fundo. Terra difícil, sem verde, só castanho em vários tons. E homens e mulheres recortados no horizonte, sombras a segurarem enxadas. E um homem a lavrar, a rasgar um sulco lento na terra, um arado de madeira puxado por uma vaca.

Aquilo que se via nas bermas da estrada deserta entre Kaesong e Pyongyang.

A menina Kim não se cansava de repetir para ninguém tirar fotografias. O senhor Kim levantava-se do banco em silêncio e olhava para todos os lados. Talvez não quisessem que se mostrasse a agricultura pobre e antiga, com décadas de atraso. Ou talvez fosse outra coisa. Nem todas as proibições eram compreensíveis.

Duas mulheres a empurrarem pedras com um pau. Campos longos atravessados pelo fim raso do dia. E multidões, cada pessoa com a sua enxada, todas a cavarem. Duzentas, trezentas pessoas, todas a cavarem. Uma mulher a guardar ovelhas. Outra mulher a guardar cabras. Outra mulher a guardar galinhas.

Uma vaca a avançar sozinha ao longo de um caminho.

A melancolia amena de uma mulher a guardar um bando de gansos brancos, como se estivesse suspensa. O tempo subitamente parado. O branco incandescente das penas dos gansos. E a mulher, sábia de mistérios.

Gente dispersa pelos campos. Homens sozinhos, mulheres sozinhas, casais a caminharem sobre as ondas da terra, a caminho de nada que se pudesse distinguir na paisagem nua. Crianças sozinhas, muitas crianças sem ninguém num raio de centenas de metros. Às vezes, uma criança sozinha em toda a paisagem, curiosa acerca de algum pormenor da terra.

E o entardecer lento, brando.

No topo de um pequeno monte, sem explicação, uma frente de chamas a avançar sobre ervas secas, a queimar árvores também: copas de árvores em chamas.

Os campos eram imensos.

Paramos num lugar onde já tínhamos estado na véspera, na viagem para Kaesong. Havia bolachas, maçãs e bebidas. Uma maçã custava o preço de quatro cervejas de litro.

Durante os dez minutos em que estivemos estacionados, não

passou qualquer carro. Muitos dos que viajavam comigo aproveitaram para tirar fotografias no meio da autoestrada.

Passamos sob o Monumento das Três Cartas para a Reunificação Nacional durante o lusco-fusco.

De novo, as pessoas de Pyongyang, urbanas, tão diferentes de todas aquelas pessoas espalhadas ao longo dos campos.

Os elevadores do hotel Yanggakdo continuavam a dar-me os mesmos cuidados. Talvez por preconceito, temia que pudessem cair.

No mesmo andar, outro quarto. Pequenas diferenças: cobertores e cortinas de outra cor, candeeiro com outra forma. Estava cansado. Duas horas e meia de viagem para fazer 136 quilómetros tinham-me moído o pensamento. Deitei-me sobre a cama, com a televisão ligada, mas sem telecomando e sem canais para mudar.

As notícias começavam sempre com o locutor, muito solene, em silêncio, a fazer uma vénia perante a câmara. Ali, pouco composto, senti uma ligeira timidez. Nessa noite, o telejornal foi apresentado por um homem de penteado irrepreensível, como se lhe tivesse sido desenhado na cabeça. Atrás, tinha um cenário de Pyongyang, espécie de postal gigante. De fato e gravata, com o emblema dos dois líderes na lapela, alternava o olhar entre os papéis que tinha sobre a mesa e a câmara. A sua voz estava sempre num tom teatral, colocado, épico e dramático, pontuada por *hamnida*. Falava, falava, dizia qualquer coisa longa, podia entender-se o nome dos líderes lá pelo meio, ou podia não se entender nada, depois, *hamnida*. E mais qualquer coisa, blá, blá, blá, *hamnida*.

Quem ouve um coreano a expor uma ideia durante algum tempo vai-se habituando a essa música, *hamnida*. Não existe nenhum correspondente nas línguas ocidentais para *hamnida*. Trata-se de um termo de interjeição, que se usa no final das frases e que demonstra respeito para com os interlocutores, *hamnida*. O resultado é uma marcação de ritmo muito própria no discurso, *hamnida*. De certo modo, algo parecido com o que tentei exemplificar neste parágrafo, *hamnida*. Durante muito tempo foi só isto. Muito tempo. Depois, imagens de um estádio cheio de gente. No público, havia apenas rapazes e raparigas de vinte e poucos anos, talvez estudantes universitários. Todos de uniforme, fato azul-escuro, camisa branca e gravata vermelha. Todos alinhados. As suas cabeças exatamente à mesma distância, pontilhadas com precisão geométrica. Estavam de pé nas bancadas, em sentido.

Num palco, um grupo de homens mais velhos, vestidos de azul ou cinzento. Talvez uns vinte. À sua frente, tinham uma mesa coberta por um pano castanho, mas não tinham cadeiras, estavam todos de pé. O cenário era um longo pano bege. De lado, havia um púlpito, onde se alternavam alguns desses homens. Se o público fosse estudantes universitários, como eu suspeitava, aqueles seriam os seus professores. Tinham microfone, mas discursavam aos gritos. A forma como gritavam era tão zangada, tão exagerada, intensa e expressiva, que pareciam prestes a sofrer um ataque cardíaco.

Nas pausas, o público dizia em coro algumas frases ritmadas e, depois, todos ao mesmo tempo, esticavam os punhos para a frente e gritavam. Chegava então outro orador, cuja zanga podia apresentar algumas diferenças de estilo em relação ao anterior. Um pouco mais de desprezo, por exemplo. Em qualquer dos casos, era sempre uma zanga de muitas caretas, de veias a palpitar no pescoço, de *hamnidas* gritados com toda a convicção, desde o fundo da garganta.

Nova notícia. Imagens de militares num campo de treino, a correrem, a saltarem, entremeadas com imagens de militares à vez, também zangados, a bramirem e a agitarem armas para a câmara. Às vezes, grandes planos de metralhadoras e pistolas nas mãos de soldados, os dedos no gatilho. Depois, imagens de militares furiosos, em tronco nu, sincronizados, a darem golpes de artes marciais no ar. E um soldado, de capacete na cabeça, com esses em fundo, aparentemente a ameaçar alguém, agitando a pistola à frente do peito, como se estivesse pronto para disparar a qualquer momento. A seguir, filas de soldados deitados no chão com metralhadoras. Um boneco com a caricatura do presidente da Coreia do Sul. Um dos soldados a disparar uma bazuca. E o boneco do presidente a explodir. Poeira, fumo, pedaços do presidente de madeira por todo o lado. E voltaram a aparecer os soldados no chão com metralhadoras. Voltou a aparecer o boneco. Começaram a disparar. As balas a furarem-lhe a cara. E outra vez, a bazuca. E outra vez, poeira, fumo etc.

À frente da paisagem imóvel de Pyongyang, cores perfeitas, o apresentador. Cândido, disse algumas palavras suaves. Fez uma vénia em silêncio. Acabaram as notícias.

O boletim meteorológico era dito por uma voz feminina. Os quadros das temperaturas, com sóis e guarda-chuvas sobre o mapa, pareciam programados num computador dos anos 1980.

Adormeci durante um teledisco em que aparecia um grupo de pessoas de idade, fardadas, cobertas de medalhas, a olharem para o horizonte, com os cabelos ao vento. Não foi um sonho, lembro-me bem.

Nessa madrugada, falei ao telefone com o meu filho mais novo durante quatro minutos.

Atualmente, nos documentos oficiais da Coreia do Norte o uso da palavra "comunismo" é extremamente raro ou nulo. Encontra-se com frequência a palavra "revolução" e algumas vezes, poucas, a palavra "socialismo". B. R. Myers escreveu em *The Cleanest Race* que não saber que a Coreia do Norte é um país nacionalista é como não saber que o Irã é um país islâmico.

Na Coreia do Norte, a grandiosidade dos atos ofusca as suas intenções a um ponto que, muitas vezes, o Ocidente não parece sequer demonstrar interesse de averiguá-las. Esta ideia ocorreu-me na praça Kim Il-sung, a praça mais importante de Pyongyang, o ponto mais conhecido do país em todas as televisões ocidentais.

O chão estava completamente assinalado com marcas a tinta branca, números, linhas tracejadas e caracteres coreanos, completamente invisíveis nas emissões de televisão onde, sem exceção, grandes formações de militares ou de civis se movem em bloco, sem falhas. A perfeição desses efeitos coletivos deve-se a treinos rigorosos e, também, àquelas pequenas marcas.

A praça Kim Il-sung é um lugar destinado a impressionar. Tanto se pretende impressionar o mundo como, se calhar mais ainda, os próprios norte-coreanos. Com 75 mil metros quadrados, a praça é capaz de acolher 100 mil pessoas, o que acontece nas ocasiões especiais que são, ao mesmo tempo, aquelas em que alguns jornalistas estrangeiros têm autorização para entrar no país e captar imagens.

Tem de ser impressionante assistir a 100 mil pessoas, absolutamente coordenadas, a exaltarem com devoção mecânica um líder, um único homem. Ainda assim, mais impressionante ainda deverá ser estar lá no meio, fazer parte dessa enorme massa humana que, pelo peso da sua grandiosidade, tudo parece justificar.

Mais do que uma demonstração de anonimato, de ruptura com o sujeito, mais do que uma prática de impessoalidade, como tantas vezes estes momentos coletivos são descritos no Ocidente, trata-se de um exercício de pertença. Os norte-coreanos, que já têm um sentimento coletivo muito forte, enraizado na sua cultura tradicional, justificam-no ainda mais durante essas enormes manobras, sentem-se ainda mais como parte de um todo, de uma unidade que chega a ser física.

B. R. Myers faz uma constatação semelhante em relação aos Jogos de Massas. Myers é um professor de literatura, e o seu livro é, sobretudo, uma análise interpretativa daquilo que é a comunicação entre o Estado e o povo norte-coreano, quer seja através de cartazes, de livros, de cinema, da televisão ou de acontecimentos altamente valorizados e simbólicos para o regime, como os Jogos de Massas. Atualmente, 2012, a Coreia do Norte é o único país do mundo onde se pratica ginástica em massa com regularidade. Esta extravagante forma de exercício nasceu na China, onde foi praticada durante séculos como ritual. A sua utilização política foi desenvolvida no século XIX por movimentos nacionalistas europeus, nomeadamente o movimento checo Sokol. Nos países ligados ao bloco de Leste da segunda metade do século XX, a Bulgária e a Roménia chegaram a promover algumas apresentações públicas.

O acontecimento mais espetacular deste tipo de ginástica são os Jogos de Massas Arirang. Uma vez por ano, no relvado do estádio Primeiro de Maio, cerca de 100 mil participantes exibem acrobacias, danças e ginásticas sincronizadas e geométricas, formando padrões, coloridos através das roupas ou de adereços.

Nas bancadas do estádio, com 150 mil lugares sentados, há grandes seções que também têm um papel muito ativo. Com um aparelho de madeira que exibe cartões de várias cores, milhares de pessoas constituem os pontos que formam mosaicos gigantes de grande detalhe. E tanto podem desenhar iconografia política, o símbolo do partido ou palavras de ordem, como podem apresentar paisagens, que também têm uma leitura política, o sol é Kim Il-sung, o monte Paektu é Kim Jong-il; da mesma maneira podem construir outras imagens, que chegam mesmo a surgir em movimento.

A sincronia de milhares de pessoas causa um efeito esmagador, mas Myers chama a atenção para um detalhe em que poucos reparam. Os Jogos de Massas são também uma oportunidade para os norte-coreanos se aperceberem da sua grande homogeneidade física. Sempre que se vê manifestações em grupo ou em massa na

Coreia do Norte, os elementos desse coletivo são organizados de modo a parecerem iguais ao mínimo detalhe.

Costumava haver um retrato de Marx e outro de Lênin na praça Kim Il-sung. Estavam ambos numa das fachadas dos edifícios laterais, o Museu Central de História da Coreia e a Galeria de Arte Coreana. A existência desses retratos, embora discreta, contribuiu bastante para a quantidade de vezes que se associa a ditadura coreana a uma ditadura de inspiração marxista. A bandeira do Partido dos Trabalhadores da Coreia, no topo do edifício, onde antes estavam Marx e Lênin, também deve ter contribuído para isso. É de vermelho vivo, vermelho soviético.

Nos anos 1950, a Guerra Fria determinou com muita facilidade o lugar do antiamericanismo norte-coreano na conjuntura internacional. Ao mesmo tempo, a quantidade instantânea de apoio que recebeu por essa via foi bastante útil para Kim Il-sung. Mesmo atualmente, enquanto escrevo, o pouco apoio internacional de que o regime norte-coreano ainda goza chega-lhe sobretudo pela imagem e iconografia socialista. No Ocidente, há um número disperso de indivíduos, reunidos pela internet, que apreciam a linguagem e a estética coreanas; não há tantos dispostos a defender as qualidades sobre-humanas dos líderes norte-coreanos. Os poucos partidos da esquerda extrema que mantém relações com a Coreia do Norte acabam sempre por relativizar esse aspecto que, na minha perspectiva, é nitidamente o mais determinante da ideologia do país.

Repito pela terceira vez a afirmação do segundo capítulo:
Sou contra todos os regimes totalitários e ditaduras.

Nenhuma intenção aqui de defender a ditadura soviética ou qualquer ditadura de origem comunista. Mas é importante afirmar que a ditadura que se vive na Coreia do Norte não é uma ditadura dessa natureza. Não é. Esse parece-me um conhecimento fundamental acerca desse país. Quem diz que a Coreia do Norte é a ditadura comunista mais severa do mundo está errado. Quem diz que é o último reduto do estalinismo está errado. A Coreia do Norte é uma ditadura severa, provavelmente a mais severa do mundo, mas não é comunista. A Coreia do Norte é o último reduto de alguma coisa, muito provavelmente também é o primeiro e único reduto dessa mesma coisa, mas não é estalinista.

Na praça Kim Il-sung, havia rapazes a andar de patins. Não eram exímios patinadores sincronizados. Eram cinco ou seis rapazes a patinarem irregularmente, sem estilo, a tentarem não cair.

A Livraria de Línguas Estrangeiras de Pyongyang ficava a pouca distância. A pé, foi uma oportunidade de caminhar pelos passeios. A rua Sungri, que passa à frente do posto onde o líder e os altos dignitários do país assistiam às cerimónias, no lugar mais nobre da praça, não tinha quase nenhum trânsito. No caminho para a livraria, passamos por uma das poucas lojas que havia pela cidade.

A menina Kim preocupada:

No pictures, please.

Olhei pela montra e, quando toda a gente estava distraída, entrei.

A loja tinha bastante espaço, mas quase nenhuma mercadoria. Para além de um conjunto desolado de sacos de plástico com flores, encostado a um canto, e de três prateleiras com alguns frascos, toda a mercadoria estava sobre o balcão. Dentro de caixotes, havia cebolas, cenouras e outras raízes, todas ainda com terra. Havia também alhos, curgetes, cebolinho, sacos de *kimchi*, tomates e um cacho de bananas. Estes eram todos os produtos que havia na loja. Não aparentava que alguém fosse ali abastecer a sua despensa. Nos olhos da vendedora, de braços atrás das costas, via-se que o movimento era raro.

Tinha uma balança antiga, muito bem pintada de vermelho. Todos os caixotes estavam marcados com preço, mas eu não podia comprar nada.

Ninguém sabe ao certo qual é o câmbio do won, a moeda norte-coreana. Há um valor oficial, mas fala-se de valores muitíssimo diferentes no mercado negro. Os estrangeiros não têm autorização para possuir ou usar wons. Qualquer estrangeiro de visita ao país só pode usar euros ou yuan chineses. Ao fim de pouco tempo, é muito fácil perceber que existe todo um simulacro de economia apenas para os visitantes estrangeiros.

Estando lá, é também fácil perceber que os norte-coreanos nunca poderiam pagar qualquer produto ao preço a que os estrangeiros pagam. Essa questão, no entanto, não se chega a colocar porque a maioria dos produtos que os estrangeiros compram é inacessível aos norte-coreanos. Os lugares onde os estrangeiros são levados a comprar seja o que for não são frequentados por locais. Esta é a situação até para os poucos residentes estrangeiros do país: diplomatas e trabalhadores de associações não governamentais, exclusivamente.

Em algumas lojas, os preços eram marcados ao cêntimo. Na hora de pagar, se eu queria facilitar o troco e perdoava três ou quatro cêntimos, as empregadas ficavam surpreendidas, sem saberem o que fazer.

O Estado aproveita cada momento da presença de estrangeiros para amealhar divisas. Não há muito que comprar, mas o que há é caro. Às vezes, ridiculamente caro.

Mas durante todo o tempo em que estive na Coreia do Norte, nunca vi ninguém com dinheiro na mão a pagar nada. A partir de certa altura, comecei a prestar atenção a isso. Tentei mesmo ver algum norte-coreano a utilizar dinheiro, mas nunca vi.

Na Livraria de Línguas Estrangeiras, a grande maioria dos livros à venda eram as obras completas de Kim Il-sung e de Kim Jong-il traduzidas em várias línguas ou obras sobre eles também em várias línguas. A prateleira da ficção literária não era muito ampla. Comprei um exemplar de cada título disponível nessa seção: uma antologia de contos populares traduzida para francês, chamada *As lendas de Pyongyang*; em inglês, um longo poema épico chamado *Monte Paektu*; um romance chamado *Mar de sangue*, adaptado da famosa ópera revolucionária; uma novela passada no tempo da guerra, chamada *O povo da aldeia lutadora*, escrita pelo diretor do subcomité de prosa do Comité Central do Sindicato de Escritores da Coreia; e uma recolha de contos de vários autores, chamada *Uma manhã habitual*, cujo primeiro texto, que dá título ao livro, narra a forma como o grande líder, pessoalmente, resolveu o problema de uma cooperativa agrícola e recompensou os esforços de uma jovem camarada.

Comprei também um livro que, apesar de não estar na seção de ficção literária, me pareceu que poderia ser lido com esses olhos. Chamava-se *República Popular Democrática da Coreia, um paraíso na Terra para o povo*.

Já tinha ouvido falar muito do sítio onde fomos almoçar. Antes, de cada vez que a menina Kim falava disso, fazia-o com um sorriso matreiro, meio infantil, maroto, como se soubesse que estávamos todos ansiosos por lá ir. Essa pequena encenação era tão esforçada que nos punha na posição de retribuir e de demonstrar que, sim, tínhamos vontade.

Era o primeiro restaurante de hambúrgueres de Pyongyang. Antes de existir, quase de certeza que não se podia falar desse alimento ocidental. Depois de existir, com a aprovação do governo, tratava-se de mais um exemplo do desenvolvimento e modernidade da Coreia do Norte.

À hora de almoço, o restaurante não tinha qualquer cliente. Para compensar, atrás do balcão, havia empregadas a mais, o espaço era apertado para tantas raparigas de uniforme. Como lebres no mato, levantaram as cabeças surpreendidas quando chegamos. Éramos cerca de uma dúzia de pessoas. Fiquei nos últimos da fila. Esperei uma hora até comer.

Tinha tudo o que os restaurantes desse género costumam ter, mas com pouca sofisticação e com aquele toque de décadas passadas que encontrei sempre na Coreia do Norte. Havia um letreiro iluminado com fotografias de comida, uma ementa sobre o balcão onde se apontava para aquilo que se queria comer, as batatas vinham num saquinho de papel, a bebida vinha com uma palhinha. Mas as fotografias eram desbotadas e amadoras, o saco das batatas era feito de papel áspero, a palhinha era feita de plástico grosso. Cada pedido tinha de ser escrito à mão num bloco, boa caligrafia, com os valores discriminados e somados. De repente, todas as empregadas começaram a trabalhar o mais depressa que conseguiam, mas notava-se que não estavam habituadas.

Não havia coca-cola. Havia sumos artificiais de fruta.

Em plena digestão, chegamos a uma das duas grandes lojas da cidade. Havia a loja nº 1 e a nº 2. Não sei qual delas era. Julgo que as diferenças não deviam ser substantivas. No rés-do-chão, o supermercado com mercearias, produtos de higiene, tabaco etc. No primeiro andar, roupas de vestir e de cama, produtos de papelaria, brinquedos, eletrodomésticos etc. Apenas produtos chineses.

Essa visita desgostou-me e não soube o que fazer com o tempo que lá passei. Os guias tinham-nos levado ali para fingirmos juntos. Era muito óbvio que, ao contrário do que a menina Kim dizia, aquelas lojas não eram utilizadas pelos norte--coreanos comuns.

As únicas pessoas presentes no rés-do-chão e no primeiro andar eram os empregados. Alguns pareciam acordar à medida que passava por eles.

E a menina Kim e o senhor Kim, muito ativos, seminervosos, a garantirem que ninguém tirava fotografias e a estimularem uma alegria de plástico, que coincidia com o cheiro intenso e enjoativo que enchia o ar.

Naquela loja demasiado brilhante, nada me interessava. Aquilo que, noutro ponto do mundo, seria apenas uma loja de produtos baratos, de má qualidade, era ali uma síntese garrida de tudo aquilo que a maioria dos norte-coreanos não sabe sequer que existe. As suas prateleiras eram a exposição feia do privilégio de alguns. E da mentira.

E também isso me entristecia. Com ar inocente, o mesmo com que diria qualquer frase mimosa, a menina Kim mentia sem remorsos.

Comité Português de Estudo do Kimilsunismo.
Grupo de Queluz. Grupo de Lisboa. Grupo de Amadora.
Grupo de Estoril.

Quatro placas de mármore, seguidas, inscritas a vermelho, representavam os "kimilsunistas" portugueses. Estavam afixadas à entrada da Torre da Ideia Juche, em grande destaque, numa parede coberta de placas oferecidas por entidades internacionais em homenagem a Kim Il-sung.

Datadas entre 1979, Queluz, e 1981, Estoril. Pouco mais de trinta anos depois, onde estarão os membros desse comité? Será que ainda têm alguma espécie de reação quando ouvem o nome da Coreia do Norte? Será que, em jantares de amigos, contam a história de quando faziam parte do Comité Português de Estudo do Kimilsunismo? Ou será que escondem esse segredo?

Também deve ser cheia de enredo a história do Comité Nacional para o Estudo da Ideia Juche na Serra Leoa desde que, em 1980, fizeram chegar ali a sua placa. A curiosidade dessas histórias, aliás, estende-se às associações de todos os países representados naquela parede. Exemplos: Benim, Paquistão, Malta, São Tomé e Príncipe, Bangladesh, Gana, Jamaica, Chipre, entre outros igualmente imprevistos.

A primeira organização estrangeira para o estudo da Ideia Juche surgiu em 1969 no Mali. Quase dez anos depois, em 1978, com funções de coordenação, foi criado o Instituto Internacional da Ideia Juche. Até 1985, fundaram-se cinquenta associações estrangeiras dedicadas à difusão e ao estudo desta ideologia, com comités continentais na Europa e na África. Nos anos 1980, foram realizados mais de vinte seminários internacionais, continentais e intercontinentais.

Desde o início dos anos 1990 até agora, coincidindo com as severas dificuldades económicas do país, o número de seminários diminuiu bastante. Já não há os mesmos meios para levar simpatizantes desde vários pontos do mundo e instalá-los em Pyongyang. Ainda assim, o Instituto Internacional da Ideia Juche continua a existir. Quem ler as suas publicações fica convencido de que a recepção das suas ideias pelo mundo é fulgurante.

Oficialmente, foi o próprio Kim Il-sung que projectou a Torre Juche. Essa versão, no entanto, para além de improvável, já foi contradita até por oficiais do Exército norte-coreano. Representando uma tocha a arder, a torre tem 170 metros de altura, 150 se não se contar com a chama. Essa é a dimensão da estrutura, a mais alta do mundo em granito, composta exatamente por 25 550 blocos, correspondentes ao número de dias que o grande líder tinha vivido no momento da inauguração da torre: o seu septuagésimo aniversário. Numa falta de rigor pouco comum na Coreia do Norte, não foram contados os anos bissextos: 70 x 365.

Após um bilhete de cinco euros e um elevador cheio, a subir durante demasiado tempo, cheguei ao topo da torre. Cento e cinquenta metros é alto.

Lá de cima, o longo horizonte de Pyongyang teria sido solene talvez, mas a ventania não deixou. Era difícil avançar contra o vento. Quando a seu favor, atirava-me de encontro aos muros. Era um vento que rugia rente às orelhas.

As fotografias não registaram essas dificuldades, só os prédios quase iguais, repetidos na distância.

De regresso ao chão, brisa ligeira, aproximei-me da margem do Taedong, que ficava mesmo ao lado. A tarde terminava, dia comprido. Passeios tranquilos ao longo do rio, crianças de mão dada com o avô. O rio também manso.

Desse lado, aos pés da torre, havia três estátuas imponentes. Uma camponesa, um operário e um intelectual. Em pose heróica, de braço no ar, erguiam uma pequena enxada, um martelo e um pincel, respectivamente. Essas três ferramentas em conjunto formam o símbolo do Partido dos Trabalhadores da Coreia.

Esses também eram os três elementos principais do Monumento da Fundação do Partido dos Trabalhadores da Coreia. De granito, como a torre, e com mais de cinquenta metros de altura. A menina Kim tinha muito para dizer sobre um monumento que, à partida, parecia pouco elaborado.

Começou por fazer a sua carinha mais triste, menina, quando referiu que o grande líder planeou o monumento, mas nunca o chegou a ver concluído. Segundo ela, os trabalhadores terminaram o trabalho, carregando essa mágoa no coração. Inaugurado em 1995, celebrou os cinquenta anos da fundação do partido.

No seu interior, o monumento representava três aspectos essenciais do partido e da sua história: a guerrilha antijaponesa, a unidade entre os estudantes e o Exército, o apoio incondicional do povo ao partido.

O monumento estava alinhado com as estátuas dos líderes, lá ao fundo. Ironicamente, atrás das estátuas dos líderes, também alinhado, estava o hotel Ryugyong, grande fracasso, o monstro gigante que não se conseguia esconder. Após dias como esse, quando chegava ao quarto do hotel, depois de fechar a porta, não era capaz de ouvir falar nem mais uma vez de ——— ————-——— ou do seu filho ——— ————-———. Passava o dia inteiro a escutar feitos absolutamente incríveis que ——— ————-——— fazia nas atividades mais díspares. Num desses dias, a menina Kim disse que só de muitos em muitos séculos é que nasce um homem tão extraordinário como ——— ——-- -——— . O seu filho ——— ——— ——-——— também tinha a sua dose de feitos inacreditáveis. O seu neto ——————-——— também já começava a ter algum currículo. Mas, embora não o admitissem por estas palavras, ninguém era comparável a ——— ————-———. Não era por acaso que continuava a ser presidente depois de morto, presidente eterno. Eu é que já não tinha nervos que aguentassem o seu nome. Nem o dele, nem o da sua prole. Nessas horas, até a palavra "líder" me dava um ligeiro enjoo.

Deitava-me sobre a cama, fechava os olhos, e a memória da voz da menina Kim, estridente, era como um enorme fio embaraçado que flutuava sobre mim.

Às vezes, levantava-me com uma leve dor de cabeça, uma pressão nas têmporas, e tinha de encher as mãos de água e lançá-la sobre a cara. Esses eram os instantes em que duvidava do que estava a fazer ali. Por momentos, as razões que tinha dado a mim próprio deixavam de ser suficientes.

Nessa noite, jantei massas frias. A tigela de cobre estava gelada. Dentro de um caldo transparente, um monte de massa a formar uma ilha com enfeites por cima, alguma cor, um ovo cozido cortado ao alto. O senhor Kim ensinou-me a comer. Era preciso agarrar num pauzinho com cada mão e espetá-los na massa. Depois, era preciso separar a massa, puxar para um lado e para outro.

Era massa muito fina de mandioca, castanha, cor de crua. Por fim, adicionava-se mostarda e vinagre a gosto.

O caldo gelado era muito picante, fazia-me transpirar as faces, uma linha sob os olhos. O sabor do vinagre e a temperatura davam-lhe um envolvimento bastante diferente daquilo a que estava habituado. Mas, a cada porção de massa que mastigava, o sabor era-me cada vez menos estranho.

Havia uma televisão ligada. Passava telediscos de *karaokê* seguidos, um DVD. Ninguém cantava, mas sucediam-se as legendas da letra, atravessadas por uma onda que lhes mudava a cor; a música prolongava notas com vibrato e, sentia-se, deixava espaço para uma voz. Em fundo, imagens de montanha, água a correr por riachos, muitas flores, natureza intocada.

Algumas lâmpadas azuis ajudavam a iluminar uma parede forrada pela fotografia de uma estrada, coberta pelos ramos de árvores que tinha de um lado e de outro. Eram ramos crivados de folhas muito verdes e atravessados por raios de luz. A pouca distância do chão, o caminho de terra, sob as árvores, era rasgado por duas tomadas. De uma delas, saía a extensão para a televisão e o leitor de DVD.

As outras paredes tinham um rodapé até à altura do joelho com papel a imitar um forro de pedras, os cantos tinham colunas de papel com flores e o resto da parede tinha uma cobertura plastificada com um padrão de escamas douradas brilhantes.

Numa dessas paredes, havia duas portas fechadas. Abriam-se apenas muito brevemente quando uma empregada entrava com grandes tabuleiros cheios de comida ou quando saía com eles vazios. Nesses instantes, através de fumo denso, distinguia-se uma mesa redonda, numa sala pequena, cheia de norte-coreanos a fumarem. Eram homens de fato e gravata.

Estavam fechados numa sala dentro de um país fechado.

No quarto, com tempo para pensar, parecia-me às vezes que

também eu estava assim, fechado duas vezes. Fechado naquele país que não me deixava ter telemóvel, que não me deixava receber e-mails e fechado no meu segredo.

Havia aquelas pessoas à minha volta, que me olhavam de lado quando tirava notas nos meus blocos, que me perguntavam por que tirava notas, que me perguntavam repetidamente, como se estivessem sempre a confirmar: sabe que não pode escrever sobre esta viagem?

E havia as outras pessoas, lá longe, a milhares de quilómetros, a passarem de carro nas estradas onde eu costumava passar também, a terem o número do meu telemóvel na sua lista, a terem o meu endereço de e-mail e, talvez, a lembrarem-se de mim às vezes. Alguns a ligarem-me e a encontrarem sempre o telemóvel desligado, a escreverem-me e-mails e a minha resposta a não chegar.

No passado, porque tinha sido preciso escrever romances ou vivê-los, já tinha desligado o telefone por períodos mais ou menos longos. Ainda assim, nessas alturas, eu sabia em que gaveta ele estava e, a meio da noite, quando me apetecia, podia ligá-lo e ouvir as mensagens desesperadas de vozes a viverem o pequeno drama dos prazos e dos pedidos múltiplos que tinham para me fazer. No e-mail, era exactamente a mesma coisa. Pedidos, pedidos, a maioria dos quais acrescidos de chantagem emocional mais ou menos velada.

Com essa experiência, tive um pouco a ideia do que é morrer.

Na primeira semana, está toda a gente em pânico. Há os textos que têm de ser entregues, os convites que precisam de uma resposta urgente. Urgente, urgente. Na primeira semana, é tudo urgente. A ansiedade sufoca até as palavras escritas por e-mail, sente-se.

Na segunda semana, sem resposta, sem sinal de vida, uma parte grande dessas pessoas deixa de ligar ou escrever. Aqueles que ainda insistem, deixam mensagens no telemóvel sem terem a certeza de que vão ser ouvidas. Então, têm a consciência de que podem estar a falar sozinhos. Falam muito mais pausadamente do que antes, desanimados, fazem pausas, como se tentassem ouvir o próprio eco.

Na terceira semana, quase ninguém tenta ligar. Passam-se dias sem uma única mensagem. Ao abrir o e-mail, só publicidade. A urgência acabou, começa apenas a passar o tempo.

Na Coreia do Norte, experimentava outro tipo de morte. Ali, era eu que estava desligado e guardado numa gaveta. Aquela era uma morte sem notícias do que deixava para trás.

Não sabia quem me tentava ligar, nem que mensagens me deixava. Não sabia que e-mails havia para responder. Ali, era apenas o corte, apenas a escuridão.

Os telefonemas que fazia aos meus filhos eram demasiado rápidos. A voz deles era demasiado distante e coberta por ruído estático. O momento em que estávamos a falar passava tão depressa que, depois, quase parecia não ter acontecido. Momento fugaz, memória vaga.

Os telefonemas que fiz à minha irmã e à minha mãe não contrariavam este sentimento.

Está tudo bem por aí?

Esta pergunta era demasiado complexa para responder nos minutos contados de um telefonema.

Eu, em Pyongyang, na Coreia do Norte, e a minha mãe a perguntar-me:

Está tudo bem por aí?

Considero-me prático e funcional. Respondi sempre pelo lado do senso comum. Dizer que estava tudo bem era a minha maneira de dizer que não estava doente, que não tinha sido preso e que contava regressar a casa como combinado. Mas, claro, essa não era a resposta completa a uma pergunta tão vasta.

Além disso, as respostas que elas me davam também não eram satisfatórias. Não apenas pelo desencontro das palavras, não apenas por ser muito difícil darem-me com duas ou três frases as imagens que me faltavam, mas por uma razão muito mais direta: eu sabia que, se tivesse acontecido alguma coisa má, alguma coisa mesmo má, daquelas que não têm apelo, tanto a minha mãe como a minha irmã não me iriam dizer. Estando eu na Coreia do Norte, sem possibilidade de fazer nada, não me iriam causar sofrimento desnecessário.

Sabendo isto, ao falar com elas, eu tentava avaliar-lhes o tom de voz, o ânimo. Essa interpretação era bastante subjetiva e nem sempre me descansava. Até porque, como eu, também elas guardavam segredo.

Quando a minha irmã estava no corredor, a falar comigo ao telefone, as filhas passavam por ela e não podia dar a entender a preocupação que sentia. O mesmo acontecia com a minha mãe, que ia ao supermercado, ao correio, que cumprimentava as pessoas na rua da nossa terra, sabendo que eu estava na Coreia do Norte.

Eu estava no desconhecido.

Guardamos os segredos ao lado de tudo o que não dizemos. Nesse grande sótão escuro há de tudo, há aquilo que não dizemos porque temos medo, porque temos vergonha, porque não somos capazes; há aquilo que não dizemos porque desconhecemos, ignoramos mesmo, apesar de estar lá, em nós. Os segredos não são assim. Eles estão lá, podemos visitá-los, assistir a eles, sabemos as palavras exatas para dizê-los e, muitas vezes, temos tanta vontade de contá-los. Mas escolhemos não o fazer.

Os segredos estão dentro de nós. Como tudo o que sabemos, também os segredos nos constituem. Também os segredos são aquilo que somos. Quando os seguramos, quando somos mais fortes e os contemos, alastram-se em nós. Desde dentro, chegam à nossa pele. Depois, avançam até sermos capazes de os distinguir à nossa volta. E, no silêncio, somos capazes de os reconhecer. Então, nesse momento, já não são apenas os segredos que estão dentro de nós, somos também nós que estamos dentro dos segredos.

Quando tinha quatro anos, o nosso presidente escreveu uma redação sobre a independência naquela humilde secretária. Desde criança que decidiu dedicar a sua vida à luta pela Coreia. O nosso presidente visitou o pai na prisão dos japoneses e viu com os seus próprios olhos as feridas e cicatrizes que lhe fizeram. Por sua iniciativa, com oito anos, tomou parte numa revolta popular. Muito novo, o nosso presidente percebeu que os japoneses eram como o demónio.

A guia da casa onde Kim Il-sung passou a sua infância tinha umas sobrancelhas que se inclinavam em várias direções. Pareciam independentes do rosto. Era muito expressiva, como se estivesse preocupada com o jovem Kim Il-sung. Dava vontade de contar-lhe logo o fim da história só para que parasse de sofrer.

Os episódios eram narrados num tom de grande dramatismo:
Entre todos os membros da família que partiram, o nosso presidente foi o único que regressou depois da libertação. Todos os outros morreram. Após vinte anos fora, quando chegou, a mãe correu para os seus braços e disse: "estás de volta, finalmente".

Em Mangyongdae, no limite de Pyongyang, a casa onde Kim Il-sung nasceu e passou a infância e adolescência é um pequeno conjunto de divisões viradas para um pátio interior, com telhados de colmo e paredes de madeira e argamassa pintadas de amarelo. Nessas divisões, vivia toda a família de Kim Il-sung, inclusivamente os avós, pais do pai, que ali morreram com oitenta e poucos anos.

Fora da Coreia do Norte, há muita gente que põe em causa esta história. Segundo esses, aquela construção é apenas o cenário de uma mentira. Não custa aceitar essa versão. A casa é demasiado perfeita e corresponde ponto por ponto a uma narrativa que, para quem não esteja cego pelo culto, é bastante inverosímil.

A imagem da casa é muito utilizada na iconografia recorrente do regime. Já a tinha visto várias vezes: na exposição de flores, em calendários nos quartos de hotel, em cartazes na rua etc. Representa o comovente apego do líder às suas raízes modestas e consequente compromisso de amor imortal para com o país.

Casa modesta, família modesta, instrumentos modestos. Ao final do dia, esse deveria ser o adjetivo que a guia tinha usado com mais frequência. As divisões da casa, abertas para o centro, para o pátio, tinham um alpendre e, no seu interior, para além de vasos para fazer *kimshi* e de uma prensa para fazer massa, estavam ocupadas por instrumentos agrícolas. Instrumentos modestos: arados de madeira, enxadas, forquilhas e muitos outros. A guia sublinhou bem que se tratava de instrumentos pobres, dando a entender que eram de uma pobreza excepcional, fora do comum. Achei curiosa essa insistência porque, passados mais de setenta anos, esses eram exatamente os instrumentos que via pela janela, fora de Pyongyang, quando olhava para as pessoas que estavam a trabalhar nos campos.

Um general a dormir numa cama de palha.

A guia repetiu esta frase três vezes. Quando Kim Il-sung regressou, após a libertação, após vinte anos de ausência, quis dormir a primeira noite na sua casa. Não aceitou nenhuma das muitas possibilidades mais confortáveis que lhe sugeriram.

Um general a dormir numa cama de palha.

Um general a dormir numa cama de palha.

Presumo que passou a segunda noite noutro lugar qualquer. Uma noite em cama de palha deve ter sido suficiente para o general.

Fora do pequeno pátio da casa, depois de um portão baixo, duas enormes coroas de flores, cada uma com sua palavra coreana: "Vida" e "Eterna". Depois de poucos passos, uma placa de granito, com um longo texto e ramos de flores amontoados, deixados à sua frente.

Enquanto saía, havia um grupo que entrava, talvez uma família. Faziam pose, tiravam fotografias. Entre eles, havia um homem muito parecido com Kim Jong-il. Mesmo muito parecido, podia ser seu sósia. A mesma roupa, o mesmo penteado, a mesma barriga.

Durante o tempo que passei na Coreia do Sul, os únicos norte-coreanos um pouco mais gordos que vi foram os líderes. Acrescentei a esses aquele sósia do querido líder. Exemplar único. Todos os outros, homens ou mulheres, novos ou velhos, eram magros. O mais gordo que vi foi Kim Jong-un, o único com bochechas redondas.

À porta do pátio, a guia despediu-se. A sua última frase pretendia inspirar-nos, falava de tudo o que nasceu ali, numa casa tão modesta, e que continuará pelo futuro "sob a energética liderança do general vermelho, Kim Jong-un".

À volta da casa, um enorme parque de pinheiros. Os pássaros a levantarem voo e a espalharem o seu piar, a misturarem-no com a música branda que saía de colunas, camufladas por arbustos.

Havia uma fileira de pinheiros que tinham pequenas placas de granito à frente. Segundo as quais, foram plantados por entidades internacionais, como o presidente do Benim, do Senegal, do Mali ou da Nicarágua.

Havia também um poço. A menina Kim disse que quem bebesse a água do poço ficava com espírito forte. Achei graça e experimentei. Comecei logo a sentir o espírito fortalecido.

Não faltavam buracos na estrada para Nampo.

Depois de poucos quilómetros nessa animação, campos repletos de pessoas a usarem ferramentas agrícolas iguais às da família do grande líder.

Um homem a firmar-se com as duas mãos num arado de madeira, a fazer toda a força com as duas mãos para espetá-lo na terra, para rasgá-la o mais fundo que conseguisse, devagar, puxado por uma vaca. E, no entanto, a poder falar-se de serenidade. A violência do esforço a dar imagens de serenidade. Curioso paradoxo.

Após uma hora de pensamentos destes, uma hora de céu enorme, estrada e campo, entramos nos portões da Siderurgia Chollima.

Na Coreia do Norte, toda a gente conhece a história daquela fábrica. Em poucas linhas: o grande líder pediu aos trabalhadores para aumentarem a produção; os trabalhadores da Chollima uniram-se, empenharam-se ao máximo e aumentaram a produção muito mais do que o grande líder tinha pedido.

Quando lá cheguei, já tinha ouvido esta história duas ou três vezes. Voltei a ouvi-la com mais detalhe.

E fiquei a saber o que significava o nome. Chollima é um cavalo alado da mitologia do leste asiático, cujo nome significa literalmente "cavalo dos mil *li*", o que quer dizer que o cavalo era capaz de galopar mil *li* num único dia. *Li* é uma medida tradicional chinesa. Mil *li* são aproximadamente quatrocentos quilómetros.

O aumento de produção que Kim Il-sung pediu recebeu o nome de "Movimento Chollima" e foi o equivalente ao "Grande Salto" chinês.

Aço, ferro. Antes da inevitável conversa sobre metais pesados, fomos convidados a olhar para uma enorme parede de granito coberta por um texto coreano.

Falava da orientação indisputada do querido líder. Aquele era o primeiro monumento onde surgiu o nome do querido líder, Kim Jong-il.

Antes de entrar num pequeno museu da fábrica, percebi que a placa vermelha que existia sempre à entrada de todos os lugares públicos, sobre a porta, tinha inscrito o número de visitas dos líderes. Habitualmente, tinha apenas Kim Il-sung e Kim Jong-il. Mais tarde também vi algumas que já contavam com Kim Jong-un.

Esse não era o caso do pequeno museu da siderurgia. Visitei--o antes de Kim Jong-un. O seu pai e o seu avô visitaram-no duas vezes. Ou seja, fiz metade das visitas de cada um deles.

O museu documentava com grande detalhe essas passagens dos líderes pela fábrica. Kim Jong-il, por exemplo, esteve lá quinze vezes. Quem tivesse prestado atenção teria ficado a saber em que ano aconteceu cada uma. O objeto que me pareceu mais representativo estava no exterior do museu: uma pedra.

O grande líder sentou-se nesta pedra quando visitou a fábrica, traduziu a menina Kim.

Era uma pedra. Estava sob uma campânula de vidro com arestas revestidas a metal, como um caixão de vidro. À volta da pedra, que não tinha sido tocada ou deslocada, tinham construído um pavimento que, de certa forma, a contextualizava como monumento precioso.

Ao longo dos seus milhares de anos, quem poderia suspeitar que um dia, de repente, por ter servido de descanso a um homem, se tornaria alvo de tanta atenção? Quem poderá suspeitar onde estará essa mesma pedra daqui a outros tantos milhares de anos?

O segundo tema do museu era a história repetida de como os trabalhadores aumentaram a produção para números incalculáveis. Nesse âmbito, entre as várias peças mais ou menos interessantes, aquela que me atraiu mais foi uma fotografia: diante de uma mesa, quatro trabalhadores, com fatos-de-macaco e capacetes, com óculos protetores levantados, como se tivessem feito uma pausa, eram servidos por quatro mulheres vestidas de cozinheiras, que lhes davam frutas e chávenas de uma bebida amarelada, provavelmente sidra. Ao centro da mesa, estava um cesto com um monte de peras e maçãs; dos lados, havia uma melancia aberta e garrafas da tal bebida amarelada. Todos se riam, as mulheres entregavam a fruta e a bebida com as duas mãos. Atrás, em fundo, uma das fornalhas estava em pleno funcionamento, incandescente.

Surrealismo.

Antes ainda de entrarmos nos pavilhões principais da siderurgia, fomos levados para uma sala com mesas e computadores ligados, com o Windows instalado. Foi-nos dito que se tratava de uma sala de estudo e formação. Havia meia dúzia de pessoas espalhadas por vários computadores. A maioria estava a ver ficheiros de imagem com publicações oficiais, muito parecidos com o jornal de parede do metropolitano de Pyongyang. Na fila da frente, uma rapariga tirava notas num caderno, olhando para o ecrã do computador. Era a lição de inglês. No ecrã, sob um fundo verde, estava escrito:

Parece que tens uma família feliz. Como sabes, no teu país, toda a gente tem um emprego, estuda na escola, ou serve no Exército, como preferir. Aqui está a família feliz de um trabalhador. Agora, vamos ler a história?

Não posso ter a certeza se aquelas pessoas estavam mesmo a estudar. Se estavam, era bastante parecido com fingir estudar.

Segundo a guia, traduzida pela menina Kim, trabalhavam 1200 pessoas na siderurgia, durante quatro turnos que cobriam todas as horas do dia e da noite.

O fogo fascina.

Ficamos a dez, quinze metros da primeira fornalha. Era difícil tirar os olhos daquela massa incandescente que borbulhava no interior de um enorme recipiente negro, que escorria pela porta aberta e fazia saltar gotas dessa luz a ferver, que levantava chamas na parte de cima da fornalha e, depois, em fumo espesso e abundante, subia até ao teto do imenso pavilhão, sem chaminé à vista por onde sair, a ficar retido, a pairar sob as chapas do teto.

O calor desse incêndio queimava o ar. Invisível e sólido, o ar tocava na pele e queimava-a também. E o som de arder era profundo, como se ardesse o próprio tempo ou o sentido de tudo.

Na distância, ao longo do enorme corredor de centenas de metros, havia três fornalhas iguais, a lançarem o mesmo fumo negro de encontro ao teto. Em muitos pontos da fábrica, havia grandes cartazes pintados à mão, tinham imagens de trabalhadores ou, apenas, frases e palavras sempre a terminarem com um ponto de exclamação.

Não vi muitos trabalhadores. De onde estava, em toda a distância, uma dúzia de homens no máximo. Às vezes, passavam dois a conversar. Outras vezes, chegava um. Segurava uma longa vara de aço e enfiava a ponta dentro da fornalha, como se espicaçasse o lume, o que seria ingénuo porque o incêndio dentro da fornalha parecia um monstro raivoso que, se o largassem, devorava o mundo inteiro.

Essas varas de ferro deviam ter à volta de uns cinco metros. Estar a essa distância não devia ser fácil. Notava-se bem na cara desses homens, em sofrimento sob capacetes amarelos. Quando se afastavam, a recuperarem o fôlego, não havia ninguém a esperá--los para lhes dar melancia.

Depois da admiração do fogo, afastei-me. O coração habituava-se ao seu ritmo. Caminhei na direção da rua. Antes de sair, vi um homem, um trabalhador de capacete, a olhar para uma divisão através de uma janela. Olhei também.

De costas para nós, num espaço que se assemelhava vagamente a um laboratório, uma mulher misturava algumas colheres de pó, dando a ideia de estar a desenvolver uma atividade qualquer na área da química. A minha irmã é engenheira química, o meu cunhado dá aulas na universidade e faz investigação. Já estive muitas vezes em laboratórios.

Aquela mulher de rabo-de-cavalo, muito compenetrada, estava num "laboratório" que consistia numa sala com uma bancada de cimento. Sobre essa bancada, havia um pequeno monte de frascos de vidro, uma caneca de plástico, uma máquina desligada da luz e uma balança antiga, com pequenos pesos. Além disso, só a caixa de plástico de onde a mulher tirava colheres de pó branco.

Uma palavra: ridículo.

Este tipo de encenações arrasava a credibilidade dos momentos que tinha acabado de viver e lançava suspeitas sobre os que se aproximavam.

Era deprimente imaginar que tudo pudesse ser simulado. À partida, sempre soubera que precisava de um esforço para distinguir a verdade dentro do exagero, mas havia a escolha de interpretar a realidade por um lado ou por outro. A escolha entre um olhar crédulo ou desconfiado, benevolente ou maldoso.

Continuando na direção de Nampo, no caminho breve que se seguiu, insisti em ler algumas páginas do livro que levava na mochila, meu companheiro. A carrinha saltava de buraco em buraco e eu sentia uma empatia muito fiel com D. Quixote. Também lhe doía o corpo, também lhe construíam um mundo à volta, apenas com a intenção de o alucinar.

Kim Jong-il esteve quatro vezes na Fábrica de Vidro Amizade. Íamos seguir exatamente o mesmo percurso que fez na sua última visita.

Na estrada, as paisagens dos campos cheios de gente a trabalhar e das pequenas aldeias lembravam-me aquilo que imagino da Idade Média. As fábricas lembravam-me a ideia de Revolução Industrial. Mesmo que a primeira sala tivesse quatro homens sentados à frente de ecrãs. Era mortiça a atenção que depositavam nas imagens estáticas dos computadores. Muito mais reais eram os fornos de vidro fundente, usados, antigos, gastos, fortes, brutos. De novo, o fascínio do fogo. Outro momento com impacto para os instintos era o efeito dos vidros a partirem-se. Havia uma máquina que levava chapas de vidro, ainda toscas, a deslizarem sobre cilindros durante dezenas de metros. Iam todas à mesma distância medida, à mesma velocidade, muito seguras de si. Quando chegavam a um ponto determinado, passavam por uma peça que lhes marcava um risco reto de lado. Esse corte fazia com que duas faixas laterais, em excesso, caíssem para um buraco, estilhaçando-se com alarido impressionante.

No final dessa sequência, quatro homens pacientes apanhavam cada chapa, pousavam-na sobre as anteriores, e espalhavam folhas de papel por cima, e outra chapa por cima dessa, e folhas de papel, chapa, folhas, chapa, folhas.

Nas paredes, quadros do líder, imagens dos coreanos a sofrerem na guerra e frases. No final, vitrinas com algumas peças de vidro feitas na fábrica. A menina Kim traduziu uma frase impressa nesses mostruários: "Para saberem se trabalho bem, vejam os meus produtos".

Um pequeno descanso. Ao contrário do que se poderia supor antes da tradução, não era uma frase política. Afinal, havia alguma esperança. Nem tudo tinha de ser explicitamente político. Uma pequena fresta para respirar.

Na rua, no enorme pátio da fábrica, antes de sairmos, reparei em grandes grupos de pessoas a espreitarem-nos das janelas mais altas dos edifícios. Janelas inteiras cheias de rostos de homens e mulheres. Quando olhávamos diretamente para eles, começavam a rir-se e, na maior parte das vezes, não aguentavam e escondiam-se. Mais viagem, mais *D. Quixote*. Eu sabia que podia abrir as páginas daquele livro e descansar. Sancho Pança estava sempre tão preocupado e eu era sempre capaz de relativizar as suas preocupações.

Na Barragem do Mar do Oeste, a menina Kim teve oportunidade de repetir várias vezes uma frase que eu já era capaz de ouvir na minha memória. Todos os dias a dizia várias vezes, sempre com a mesma entoação:

Construída inteiramente com materiais, tecnologia e mão--de-obra coreanas.

Para mim, que não sou técnico de barragens, as explicações sobre os oito quilómetros de Barragem do Mar do Oeste foram pouco apelativas. Não as memorizei e não tive sequer vontade de anotá-las.

Ainda bem que existem pessoas mais interessadas em barragens do que eu. São essas pessoas que garantem a existência dessas obras imensas que, quando não agridem a natureza, são um bem de grande valor para toda a gente, mesmo para aqueles que nunca se conseguiram interessar por barragens, como é o meu caso. Ainda assim, apreciei avançar por uma estrada longa, com água de um lado e de outro. O rio Taedong de um lado e o mar Amarelo do outro. Também gostei do horizonte.

À entrada de Nampo, passeios cheios de homens a remendarem bicicletas. Vi essa imagem muitas vezes na Coreia do Norte: gente a reparar coisas partidas. Em Nampo, como noutros lugares, uma fila de homens agachados, ao lado de caixas com ferramentas e materiais para consertar bicicletas. Alguns estavam a trabalhar, outros estavam à espera de trabalho.

Num pequeno largo, sob um monumento, um círculo grande de mulheres, com vestidos tradicionais, ensaiava uma coreografia. Já tinha visto aquele monumento muitas vezes, noutros lugares. Mesmo nas pequenas aldeias por onde passava, à beira da estrada, era muito frequente ver monumentos exatamente iguais àquele: uma enorme coluna que, muitas vezes, era a construção mais alta da aldeia. Chamavam-se Torres da Vida Eterna e a maior estava em Pyongyang, claro. Essas colunas serviam de base para uma inscrição em coreano que dizia: "Kim Il-sung viverá em nós para sempre". Em 1997, existiam 3150 Torres da Vida Eterna em todo o país. Calcula-se que, em 2012, já se tenham ultrapassado as 5 mil. Durante a minha visita à Coreia do Norte, a maioria dessas torres estava rodeada de andaimes de bambu, por onde os trabalhadores trepavam. De certeza que não tinham vertigens. Essas obras destinavam-se a aumentá-las. Quando estivessem prontas, passariam a dizer: "Kim Il-sung e Kim Jong-il viverão em nós para sempre".

Nampo é muitas vezes considerada uma das maiores cidades da Coreia do Norte, o que demonstra o enorme fosso económico e de condições de vida que existe entre Pyongyang e qualquer outro lugar da Coreia do Norte. À beira do mar Amarelo, Nampo é conhecida pelo seu porto, o maior do país, que, atualmente, apenas serve barcos de pesca e, ocasionalmente, alguns cargueiros de ajuda internacional. Essa ajuda é fundamental para o país e explicada aos norte-coreanos pela propaganda do regime como um tributo que os povos e os governos internacionais prestam aos líderes da Coreia do Norte, como reconhecimento das suas superiores qualidades.

Continuamos para Sariwon. Estacionamos num parque repleto de casamentos. Olhava-se em volta e via-se logo, sem procurar muito, meia dúzia de casais de noivos. O cenário era propício às fotografias que, tanto os noivos, como os convidados, tiravam com abundância. À frente, havia um monte atravessado por escadas a serpentearem entre árvores e pavilhões, dispostos de modo equilibrado. A minha atenção foi desperta pelas vozes dos convidados de um casamento a gritarem em coro. Faziam um jogo em que a noiva ficava frente-a-frente com o noivo e, atrás de cada um deles, estava um grupo de convidados que os empurravam pelas costas. Esse era o momento em que todos gritavam ao mesmo tempo. Os noivos tentavam não ser esmagados um de encontro ao outro, mas, com tanta gente a empurrá-los, isso acabava por acontecer. Aqueles que tinham caído levantavam-se e sacudiam o pó da roupa, alguns batiam palmas, todos riam.

Subi pela encosta do pequeno monte. Um casal de noivos era fotografado enquanto olhava para a cidade. Outro casal, acompanhado por alguns convidados, fazia pose com a natureza em fundo, árvores. Foram esses que me pediram se podia tirar uma fotografia com eles. Um homem aproximou-se muito risonho e puxou-me pelo braço. Quando percebi o que queria, aceitei logo. Ao lado do noivo, fiz o melhor sorriso de que fui capaz.

Neste momento, há um casal norte-coreano que tem uma fotografia comigo no seu álbum de casamento.

A menina Kim estava preocupada que não chegássemos a tempo ao Museu das Atrocidades Americanas, em Sinchon.

Mas chegamos. À porta, à nossa espera, estava uma guia. Era uma mulher de rosto fino.

O Museu das Atrocidades Americanas tinha dezasseis salas. Começamos por aquela em que se explicava como a Coreia do Norte tinha sido provocada pelos americanos. A partir daí, a guia do museu começou a descrever-nos histórias de horror.

389 mortos, 1245 mortos, 22 717 mortos. O número de mortos era sempre exato, nunca arredondado. As paredes estavam cobertas de fotografias a preto e branco que, muitas vezes, mostravam o rosto dessas pessoas quando ainda não sabiam que estavam para morrer. Olhavam-nos com curiosidade, ignorantes do seu destino. Até a mim, que ainda não tinha nascido e que não sou americano, me faziam sentir um pouco culpado.

A guia ia descrevendo situações, lugares e enumerando mortos: um rio com cadáveres a boiar e as águas vermelhas de sangue, poços cheios de mulheres mortas, uma ponte de onde atiraram centenas de pessoas. Estas descrições eram feitas em salas onde também havia pilhas de sapatos de pano, objetos pessoais ou montes de cabelo debaixo de campânulas de vidro.

Incomodada, a menina Kim respirava fundo antes de traduzir aquilo que a guia do museu, com voz rendilhada, cheia de melindre, tinha acabado de descrever em coreano.

Uma mulher foi queimada com ferros em brasa pelos americanos apenas porque apanhou uma maçã caída no chão.

Muito séria, imperturbável, a guia olhava para a menina Kim a falar em inglês. Esperava.

A história dos ferros em brasa era ilustrada por um quadro pintado a óleo, cores muito vivas. Havia quadros semelhantes para outras histórias. Em todos eles, situações de horror extremo. Os americanos tinham sempre cara de facínoras, olhos arregalados, a terem prazer em atividades como pregar pregos na cabeça de mulheres ou torturar pais à frente dos filhos.

E quando parecia impossível, havia sempre uma história que era mais terrível do que a anterior.

Esse era o caso da mulher a quem espetaram ganchos nos seios, presos a cavalos por correntes. Depois, fizeram os cavalos correr para direções opostas.

A menina Kim fez uma pausa para respirar.

Respirou fundo e contou que, a seguir, essa mesma mulher foi enterrada viva pelos americanos.

As fotografias a preto e branco que preenchiam as paredes de todas as salas não permitiam descanso. Uma delas mostrava os restos de um corpo que a menina Kim, traduzindo, dizia pertencer a uma grávida de nove meses, a quem os americanos introduziram paus na "parte importante do corpo".

121

Nem mesmo esta expressão, "parte importante do corpo", foi suficiente para aligeirar o ambiente.

Até porque, logo depois, os americanos abriram-lhe a barriga com uma faca e tiraram-lhe o feto para o matarem também à facada.

Não havia imagens do líder do partido na região, mas havia a trave de madeira onde o prenderam. Indefeso, espetaram-lhe agulhas em todo o corpo, arrancaram-lhe os olhos, cortaram-lhe as orelhas e, por fim, abriram fogo.

As histórias pareciam infinitas, mas não eram. Felizmente, chegamos à última sala. Estava dedicada às atrocidades que os americanos cometeram no último dia da sua presença naquela região. Foi nessa data que, por fim, mataram as quatrocentas mulheres e as cento e tal crianças que mantinham presas num barracão. Sem luz, sem espaço, tinham sido deixadas sem comer durante uma semana. Nesse período, quando as crianças mais pequenas pediam água, os soldados americanos davam-lhes gasolina.

O edifício do museu tinha sido o próprio quartel-general dos americanos naquela área. Saímos, atravessamos o pátio e fomos ao lugar onde as mulheres e as crianças tinham estado presas. Realmente, era um lugar apertado, sem luz.

Estivemos no túnel onde os americanos obrigaram toda a gente a entrar e onde, depois, colocaram fogo na ventilação. Foram-nos mostradas algumas palavras raspadas na parede. A menina Kim traduziu-as. Segundo ela, antes de morrer asfixiada, uma dessas pessoas escreveu na parede: "Viva o Partido dos Trabalhadores da Coreia!".

Sobreviveram apenas três crianças. Dessas três, dois trabalhavam no museu. Um deles trabalhava exatamente naquele barracão e no túnel. Não estava presente porque tinha ido ao casamento da filha.

Agora, imagino como seria horrível para alguém passar o

resto dos seus dias a trabalhar no espaço onde testemunhou um massacre, onde assistiu à morte da mãe.

Lá, naquela hora, tive outros pensamentos.

Mesmo não tendo acreditado em grande parte das histórias e dos detalhes, tinha sido muito pesada aquela descrição tão longa de pessoas a morrerem. Por isso, como pausa, ocupei-me a imaginar que talvez me tivesse cruzado com esse homem no parque de Sariwon, entre todos os noivos e convidados que vi.

Estava aliviado por também existir essa realidade, onde as pessoas iam ao casamento da filha e tinham dias bons.

Acordei a vomitar.

Não me lembro do caminho até à casa de banho, não me lembro de cair de joelhos. Lembro-me apenas de estar já na casa de banho, ajoelhado, a vomitar sobre o abismo da sanita, ainda com o morno da cama e do sono a envolver-me.

Enchi o lavatório com três ou quatro canecas de água tiradas da banheira e lavei a cara. O reflexo no espelho estava muito desinteressado de olhar para mim.

Ainda bem que quase não tinha desfeito a mala. Guardei alguns objetos, o *D. Quixote*, e obriguei o meu corpo de ossos moles a levar a mala até à entrada do hotel.

Só tinha chegado o motorista. Os outros estavam a tomar o pequeno-almoço. A ideia de comer um daqueles pratinhos de ovo frito, ou de abrir a porta e cheirar a sala do pequeno-almoço, transportava-me para um lugar de cores enjoativas. O início desse pensamento fazia com que as cores que me rodeavam se tornassem garridas, elétricas, insuportáveis.

Sentei-me nos degraus de pedra, com a cabeça entre as mãos.

De repente, levantei-me e comecei a correr. Voltei para a casa de banho. Estava previsto que o dia fosse passado quase completamente no carro. Essa jornada terminaria apenas em Hamhung, depois de uma paragem rápida em Wonsan. Em duas fases: cinco horas, paragem rápida, quatro horas.

Nessa ocasião, o grupo que iniciou a viagem, *Kim Il-sung 100th Birthday Ultimate Mega Tour* (*Ultimate Option*), estava dividido em dois. Seria assim que faríamos alguns dias de viagens pelo leste e pelo norte do país, as regiões menos visitadas por estrangeiros. A outra metade do grupo teria guias novos. Nós continuávamos com a menina Kim e o senhor Kim. As razões da divisão eram práticas: as estradas não se adequavam a veículos grandes e os lugares onde íamos pernoitar não tinham capacidade para receber toda a gente ao mesmo tempo.

As estradas chocalhavam-nos contra os vidros, pulos, encontrões nos assentos. A partir de certa altura, abandonei-me. Foi como se deixasse de fazer diferença. Muito indisposto, de olhos fechados, sem vontade, flutuava num mar estagnado, água fétida, morna e grossa, como sopa.

Às vezes, abria os olhos. Chovia lá fora. Todo o mundo era cinzento. E passávamos por um camião de caixa aberta, carregado com soldados e civis. Usavam impermeáveis de plástico, mas iam completamente encharcados. E entrávamos em túneis longos, negro opaco, sem iluminação, com o brilho de cortinas de água a escorrerem pelas paredes.

Estava na Coreia do Norte e estava muito maldisposto, dores de barriga como facadas, boca a saber a vinagre e uma vontade cíclica de vomitar que me deixava atordoado.

Quando recuperava um impulso de forças, usava-o para amaldiçoar o instante em que provei água do poço de Kim Il-sung.

Dizia-se que tornava o espírito forte. Se o fazia, compensava enfraquecendo a tripa.

A primeira paragem do caminho foi cheia de misericórdia. Soube-me bem receber no rosto alguns pingos de chuva. As nuvens estavam baixas e também esse ar vaporoso me ajudou. Não foi suficiente para abandonar a náusea que me apertava a base do pescoço, mas chegou para me incentivar à compra de um pacote de bolachas.

Era raro encontrar bolachas à venda que estivessem dentro do prazo de validade. Entre os pacotes que vi, o recorde pertencia a um prazo que tinha sido ultrapassado havia cinco anos, quase seis. Ainda assim, o mais comum era o prazo ter cerca de um ano, mais ou menos mês. Podiam estar meio húmidas e saberem a velhas, mas era possível engoli-las. Costumavam ser bolachas chinesas, com sabores pouco habituais, com desenhos de ervilhas ou feijões na embalagem.

Naquela manhã, animado pela brisa fresca, decidi comprar um pacote de bolachas. Foram as primeiras que vi de fabrico norte-coreano, não voltei a ver mais nenhumas durante todo o tempo que lá estive. Eram caras, mais caras ainda do que as estrangeiras. O rótulo estava colado com fita-cola. Era um pequeno rótulo redondo, feito à mão, com as marcas da tesoura. Imaginei a pessoa que passava dias a fazer esse trabalho.

Comi uma única bolacha.

Arrependi-me tanto. Foi um arrependimento mudo, sem disposição que permitisse exprimi-lo. E foi a impressão mais humana que recordo de toda a viagem até Wonsan. O resto afastava-me da espécie, fazia-me pertencer a outro tipo de animal. O resto era uma aura de fastio denso a envolver o centro de toda a minha existência.

A vida é tão efémera. A saúde é tão efémera. Estarmos aqui, em forma, mais ou menos contentes, a ler um livro, é tão transitório. A ler um livro, imagine-se. As forças da doença, se quiserem, subjugam-nos e aniquilam-nos em menos de um instante.

No carro, entre solavancos que me levantavam todo o corpo do assento e os dois pés do chão, estes pensamentos pareciam-me os únicos possíveis. Surpreendia-me que, noutras horas, pudesse ignorá-los. Eram tão evidentes. Sem ser por estas palavras, em silêncio e sofrimento, prometi a mim próprio que nunca haveria de esquecê-los.

Quando paramos numa praça de Wonsan, agradeci ao céu pela chuva que continuava a cair. Desde a entrada na cidade que se viam milhares de pessoas nos passeios. Levavam guarda-chuvas abertos, botas de borracha e avançavam todas na mesma direção. Primeiro, só mulheres, centenas, milhares de mulheres; depois, só militares fardados, milhares, mil e mil e mil.

As outras pessoas que iam no carro perguntavam à menina Kim o que estava a acontecer. Ela desembaraçava-se das perguntas como podia. O.k., ela adorava começar as frases por "o.k.", mesmo que não fosse dizer nada; ou talvez sobretudo nessas ocasiões. Era como se "o.k." não tivesse significado.

Eu já não fazia perguntas. Ouvia passivamente. Prestava também pouca atenção às respostas que eram dadas. Tinha deixado de acreditar.

A praça onde paramos era imensa. Num lado, um edifício enorme encabeçado pela imagem de uma bandeira vermelha com o símbolo do Partido dos Trabalhadores da Coreia. No outro lado da praça, o mar da Coreia, enorme também.

Muito devagar, os poucos carros acertavam sempre nas poças. No centro da estrada sem trânsito durante minutos seguidos, havia pessoas que aproveitavam para lavar as botas de borracha nessas mesmas poças.

Passaram seis homens a carregar um enorme letreiro, onde estava pintada uma caricatura do presidente da Coreia do Sul em dor e subjugação, com três baionetas apontadas. Foi então que percebi o motivo de toda aquela gente que ocupava os passeios. Tinham vindo a uma manifestação. Isso também explicava as estruturas de ferro que estavam distribuídas pela praça. Eram suportes para cartazes gigantes, como aquele que carregavam e que parecia bastante pesado.

Na véspera, tinha visto na televisão imagens de manifestações com cartazes exatamente iguais. Averiguando, percebi que o presidente da Coreia do Sul tinha feito algumas declarações muito mal recebidas pelo governo norte-coreano.

Tratava-se de manifestações organizadas com disciplina absoluta. Os manifestantes chegavam a horas, tomavam o seu lugar, manifestavam-se em uníssono, sem falhas e, no horário certo, iam-se embora. As pessoas por quem tinha passado vinham daí. A impressionante multidão de pessoas a encher passeios dos dois lados da rua vinha daí. Na praça onde tinha estado toda aquela gente não havia um papel no chão. Na Coreia do Norte, em qualquer cidade ou em qualquer circunstância, nunca havia um papel no chão.

Não tive coragem para almoçar. Comprei uma lata de sumo de pêssego. Na lata estava escrito que tinha sido manufaturada em Singapura, sob licença e controlo de qualidade de uma marca japonesa, distribuída por uma empresa de Hong Kong e vendida à Coreia do Norte por uma empresa francesa. Não estava fresca e era um pouco enjoativa, demasiado doce.

Fui para a porta do restaurante, onde continuava a passar muita gente. Fiquei durante uma hora a ver pessoas. Ar fresco e, às vezes, chuva de gotas finas. A poucos metros, havia um polícia que impedia os transeuntes de continuarem em frente e indicava-lhes um caminho que implicava virarem para uma rua interior. Ao fundo da rua principal, no lugar para onde não podiam seguir, estava uma multidão. Não parecia estar a fazer nada, parecia estar à espera.

A pé ou de bicicleta, ninguém exprimia o mínimo protesto quando o polícia lhes chamava a atenção e os mandava pelo caminho alternativo. Aproximei-me e vi que entravam por uma porta num muro de cimento que tinha à frente outro muro que era preciso contornar e que escondia a rua por onde seguiam. Era assim em todas as cidades e mesmo em todas as aldeias por que passávamos. As ruas interiores estavam sempre tapadas por muros. Às vezes, raramente, quando estávamos num plano mais elevado, podíamos espreitar um pouco lá para dentro. Com chuva, eram ruas enlameadas, um pouco mais estreitas. Os muros não pareciam esconder nada que me interessasse.

A viagem para norte recomeçou como um sacrifício inevitável. Durante as horas seguintes, voltaria aos solavancos, quase a cair do assento. Por instantes, via tudo amarelo. Fechava os olhos e continuava a ver tudo amarelo. Noutros momentos, sentia uma chapada de frio no corpo como se abrisse a porta do frigorífico à minha frente. E, ao longo de todo o caminho, arrependi-me de ter bebido aquela água no poço do jovem Kim Il-sung. "Irresponsável" e "mentecapto" foram os nomes mais brandos que chamei a mim próprio.

Ao longo de todo esse caminho, quatro horas, apenas campos molhados e camiões carregados de homens molhados e, ainda assim, suficientemente curiosos para se esticarem todos e tentarem ver quem ia dentro do carro onde seguíamos.

À entrada em Hamhung, contra a chuva, uma mulher de bicicleta, com a cabeça de lado, a proteger o rosto, a pedalar devagar, longamente, e um menino, um filho de quatro ou cinco anos, atrás, agarrado a ela com as duas mãos, agarrado à cintura da mãe com as duas mãos. E a cidade. Como noutras cidades, toda a gente ia para algum lado.

Passamos por uma multidão de pioneiros, milhares, alinhados em formação. Estavam de costas para nós e estendiam-se ao longo de uma subida até à estátua gigante de Kim Il-sung.

Com pouco mais de 750 mil habitantes, Hamhung é a segunda maior cidade da Coreia do Norte. Esteve fechada a estrangeiros desde a guerra. Quando a visitamos, tinha começado a receber visitantes no ano anterior. Séria, a menina Kim alertava-nos para isso. Levantado do banco e sério, o senhor Kim olhava para as nossas caras, como se procurasse sinais de que estávamos mesmo a ouvir e a entender.

O Grande Teatro de Hamhung é o maior teatro de toda a Coreia do Norte. Antes de estacionarmos na praça em frente, já havia alguns rapazes de dez, onze, doze anos a correrem atrás do carro. Acenavam e riam-se às gargalhadas. Riam-se como se tivessem acabado de ver a coisa mais engraçada de sempre, riam-se com a boca bem aberta.

Quando paramos, esses rapazes mantiveram-se a poucos metros, a uma distância calculada, sem perderem um movimento mínimo, um gesto. Faziam comentários em voz alta uns para os outros e riam-se. Alguns só se riam, achavam tanta graça que não conseguiam falar. Começaram a chegar mais rapazes e raparigas, todos à volta da mesma idade, calculo que não menos de dez e não mais de catorze anos. Uns, os primeiros, estavam mais próximos; outros, os que se aproximavam, ficavam mais distantes.

A menina Kim e o senhor Kim disseram-lhes alguma coisa. Os rapazes ficaram exatamente na mesma, como se não os ouvissem. Nem sequer olharam para eles. Estavam apenas hipnotizados por nós, só olhavam para nós.

Se avançávamos um passo na sua direção, eles recuavam um passo do mesmo tamanho para trás. Se dávamos dois ou três passos rápidos, eles gritavam, começavam a correr e só paravam quando percebiam que tínhamos parado.

E riam-se. Riam-se sempre.

A chuva gelada parou de cair. Continuou só o frio.

Os rapazes que estavam mais próximo, os mais atrevidos, os

primeiros que vieram a correr atrás do carro, tinham roupas muito pobres e sujas. Alguns tinham casacos demasiado grandes, casacos de adulto dobrados nas mangas. Também as camisas eram grandes. Se não estavam dobradas, usavam-nas a cobrir as mãos. Outros, sem casaco, andavam só de camisola de algodão ou de camisa. E nenhum tinha meias. As calças arregaçadas, demasiado grandes também, sem meias. Os pés descalços dentro de sapatos de pano com a sola fina.

Mais atrás, com maior timidez, estavam rapazes e raparigas de roupas lavadas, casaco, guarda-chuva e botas de borracha. Olhavam com a mesma curiosidade, o mesmo assombro, mas não se riam. Pareciam ter medo.

O.k. A menina Kim mudou de estratégia. Deixou de tentar afastar os rapazes. Começou a tentar juntar-nos e levar-nos para o outro lado da estrada, para junto do Grande Teatro.

Foi nesse momento que dei um passo lento na direção de um desses rapazes, o mais vivo, o que falava mais, ria mais e estava mais perto. E riu-se, disse qualquer coisa para os outros, mas não se afastou. Uma parte das pessoas que tinham vindo comigo já estava no outro lado da estrada, a menina Kim ia à frente. Dei outro passo. Alguns rapazes que estavam mais longe recuaram, alguns deram uma pequena corrida, mas ele continuou onde estava. Dei outro passo, ele continuou no mesmo lugar. Estendi-lhe a mão e ele, destemido, como se tivesse de ser rápido porque podia queimar-se, estendeu-me também a mão.

Ainda não esqueci. Não sei se vou esquecer.

A sua mão era preta. A sujidade subia-lhe pelo pequeno pulso e pelo antebraço que estava à mostra sob uma camisa de adulto com as mangas dobradas. Os seus dedos, finos, pequenos, estavam gelados.

Escrevo estas palavras com a memória exata desse toque.

Depois do aperto de mão, recolheu o braço, como se tivesse

recebido um choque ou como se tivesse medo que eu não o quisesse largar. E afastou-se.

Pareceu-me que os outros se dividiram entre considerá-lo imprudente e reconhecer-lhe valentia. Em qualquer dos casos, nenhum queria seguir-lhe o exemplo. Os olhares continuavam fixos, mas ninguém se aproximava.

Atravessei a estrada. Diante de uma escadaria imensa, a menina Kim já estava a discorrer sobre o número de salas, a área do palco e outros exageros que sabia de cor. Fiquei, como se a ouvisse, mas já só conseguia prestar atenção aos rapazes e raparigas que estavam à distância, parados, completamente absortos em nós.

Nessa noite, recuperei das mazelas do enjoo através da simples respiração. Não jantei. A janela do meu quarto dava para uma avenida larga. Do outro lado da rua, havia um prédio de apartamentos.

A noite caiu. Era negra. Não havia uma única luz de iluminação pública. Às vezes, muito raramente, passava um carro ou uma mota que iluminava um pouco da rua por instantes. Percebia-se então que havia gente a caminhar nos passeios. Seguiam na escuridão total. Também com pouca frequência, viam-se focos de luz errantes a ondularem pelo chão. Eram pequenas lanternas a pilhas.

No outro lado da rua, as janelas das casas tinham diferentes tons e intensidades de luz, o que me levava a crer que não era luz elétrica. Creio que não havia esse problema no hotel. Não cheguei a carregar no interruptor. Sentado num parapeito interior da janela, a escuridão era perfeita para pensar e, sobretudo, para respirar.

Adormeci cedo, cansado de um dia tão duro. Sobrevivi.

Na manhã seguinte, acordei com muito mais ânimo. Comi qualquer coisa ao pequeno-almoço, o tal ovo frito, os tais pacotinhos de doce fora do prazo. Quando dizia bom-dia a alguém, já era capaz de sorrir.

Pouco depois de sairmos de Humhang, na berma da estrada, reparei numa família inteira a cavar: pai, mãe, filho e filha pequena. Íamos em direção ao monte Okryon, na região de Pujon. O norte do país é a área menos acessível aos estrangeiros. Há grandes extensões de território acerca das quais se sabe muito pouco. Fora da Coreia, normalmente, aponta-se essas regiões como a localização provável de campos de prisioneiros que, segundo aqueles que conseguiram fugir para a Coreia do Sul, são verdadeiros campos de concentração. Essas mesmas fontes referem detalhes de crueldade e violência que chegam a ultrapassar o que se conhece dos campos de concentração nazis.

A região de Pujon foi o ponto mais a norte de toda a viagem. Fomos um dos primeiros grupos de visitantes estrangeiros naquela região desde a guerra, ou seja, nos últimos sessenta anos.

À passagem por um lugar de poucas casas, estava um menino de três ou quatro anos na berma da estrada que, quando nos viu a aproximar, fez uma vénia longa, que só desfez depois de passarmos. Para lá da imagem do seu corpo pequeno a fazer-nos uma vénia, fiquei com a impressão de que era tão pouco habitual passarem carros por ali que eram sempre entendidos como sinónimos de alguém importante.

A estrada era muito má. Pior do que qualquer outra que já tivesse visto na Coreia do Norte. As aldeias tinham um aspecto ainda mais pobre. Casas de madeira, com pouca pintura. Normalmente, as aldeias não ficavam encostadas à estrada, estavam ao longe. Naquele caminho, estavam mais próximas porque íamos paralelos a um rio, largo, com margens de grandes pedras brancas.

As aldeias tinham sempre muros altos a envolvê-las e, da estrada, pouco se conseguia ver. Mas, nessa manhã, passamos por uma estrada em tão mau estado que um militar mandou-nos por um desvio que atravessava uma aldeia. Pude então ver as hortas que cada pessoa tinha no seu quintal, os esqueletos de madeira de algumas casas em construção e o ar descontraído com que as pessoas andavam nas ruas que cruzavam todos os dias.

A avaliar pelo péssimo estado do desvio, com um buraco em que quase foi necessário sair e empurrar o carro, custa-me imaginar como estaria a estrada principal.

A paisagem era ténue. Árvores esbatidas, a dissolverem-se nas cores da terra, do rio, no branco das pedras que o cingiam. Uma rapariga do nosso grupo precisava de ir à casa de banho. A menina Kim e o senhor Kim reuniram-se em conselho de urgência e, passados alguns quilómetros, decidiram parar junto a uma serração de madeiras. O senhor Kim acompanhou-a. Vimo-los afastar-se.

Havia pessoas de bicicleta que ficaram paradas ao longe. Por nos verem, não seguiram caminho. Encostada a um pequeno muro, à entrada de uma ponte, estava uma menina pequena, não tinha mais de três anos. Estava sozinha, tinha um casaco completamente abotoado e não se mexia do lugar, como se alguém lhe tivesse dito:

Fica aqui, não saias daqui.

Sobre o silêncio, água a correr, pássaros.

Os dois vultos a caminharem. Cada vez mais próximo. Estávamos prontos para seguir caminho. E o motor do carro a desenvolver. Sussurrando, a rapariga contou como os homens da serração ficaram em pânico quando os viram chegar.

De um lado da estrada, a terra, vacas a puxarem arados. Do outro, o rio e, por duas ou três vezes, multidões de homens em roupas interiores, corpo inteiro, ceroulas e camisolas de algodão. Eram militares. Estavam dentro de água e atravessavam objetos de um lado para o outro do rio.

Também passamos por grandes grupos de homens e mulheres a arranjarem as pedras na margem do rio, deixavam-nas muito certas, encaixavam-nas perfeitamente.

Depois, de repente, começamos a subir uma colina. O carro avançava pelos socalcos da estrada de terra, trepando cada um deles. Muito devagar, subíamos. A paisagem do lado direito crescia, apresentava cada vez mais distância. Ao mesmo tempo, a berma do lado esquerdo gelava. Cada vez mais branca.

Chegamos a um ponto em que a própria estrada já estava coberta de gelo. O motorista era corajoso. Fomos continuando até que havia neve alta, gelada, e o carro não pôde continuar. A partir daí, fomos a pé.

À distância, viam-se grupos de homens e mulheres com pás e picaretas a desimpedirem o caminho. Era muito gelo. Havia pequenas cascatas, cursos de água que escorriam do cimo da montanha. Uma parte dessas multidões desfazia-se antes de nos aproximarmos. A maioria das pessoas apressava-se a fugir antes de chegarmos perto. Quando passávamos, estavam agachados, protegidos por arbustos, escondidos, a olharem para nós.

Havia uma rapariga fardada à nossa espera. Era muito baixa, muito magra e muito branca. Estava à frente de uma casa pobre, onde voltaríamos para almoçar. Olhei pela janela e vi uma mulher a movimentar-se como uma aranha pelos diversos níveis da cozinha. As cozinhas tradicionais daquela região são compostas por vários degraus, e as mulheres, a quem cabe a tarefa de preparar a comida, têm tudo a acontecer por baixo. O fogo que aquece a comida arde no chão, e as mulheres deslocam-se sobre bancadas de diversos tamanhos.

A rapariga que nos esperava avançou ligeira sobre o gelo. Sem nenhuma explicação, chegou ao Rio de Pedra. Ainda bem que não falou. Ainda bem que ninguém disse nada. O Rio de Pedra precisa de silêncio.

Não lhe via o início ou o fim.

Parecia estender-se desde o cimo da montanha, passava por nós e continuava pela encosta abaixo. O Rio de Pedra do monte Okryon é um enorme leito coberto de rochas grandes, amontoadas umas sobre as outras, envolvido por uma densa mata de pinheiros em cada um dos lados. Mesmo caminhando sobre as rochas, não se conseguia ver o que acontecia por baixo delas, os intervalos estavam cobertos por gelo. Apenas se conseguia ouvir o barulho da água a escorrer.

O som dessa água enchia o tempo.

Então, como se despertasse a cada passo, segui a guia por um caminho. Levou-nos para junto de um pinheiro. O tronco estava envolto numa espécie de armário de madeira. Aproximou-se e abriu a porta. No seu interior, o tronco tinha uma parte descascada e uma frase escrita de cima para baixo.

Não sei por onde andava a menina Kim. Era o senhor Kim que, com muita dificuldade, tentava traduzir aquilo que a guia dizia. As palavras do tronco tinham sido escritas em 1937 e eram o nome de uma organização de libertação de uma região qualquer, cujo nome não percebi.

Depois do deslumbramento daquele Rio de Pedra, estar a olhar para um tronco que parecia escrito a caneta de feltro era desanimador. Até porque, antes de chegar à Coreia do Norte, já tinha lido sobre as "árvores slogan". Segundo essas leituras, a partir de 1958, o regime começou a apresentar árvores onde a guerrilha contra os japoneses teria escrito sobre múltiplos temas. Essas árvores justificaram as mais diversas decisões e interpretações da história. Atualmente, fala-se em cerca de 13 mil árvores com inscrições deste género na Coreia do Norte.

O almoço foi vegetais crus e cozidos, uns pastéis que pareciam saber a castanha, arroz e, claro, *kimchi*. Para beber, havia um sumo de bagas.

O regresso a Hamhung demorou tanto quanto a ida, mas

pareceu mais rápido porque estava muito mais habituado aos solavancos, contava com eles.

Nas margens do rio, assisti a uma multidão de soldados em ceroulas a atravessarem o rio com um cadáver. Levavam-no aos ombros, numa espécie de maca ou de liteira improvisada, coberto por um lençol branco.

Setecentas mil toneladas de fertilizante. Tentei imaginar 700 mil toneladas de fertilizante. Essa era a produção anual da fábrica onde estava. Pelo menos segundo a informação dada por um dos três guias que nos acompanharam na visita. Se não era verdade, qual era o interesse de mentir? Se, em vez de 700 mil toneladas, produzissem 100 mil toneladas, qual era a diferença? Talvez eles acreditassem que voltávamos para os nossos países e vínhamos contar às pessoas:
Eles têm uma fábrica onde produzem 700 mil toneladas de fertilizante por ano.
Se imaginaram isso, são bastante previdentes, porque foi exatamente o que acabou de acontecer nestas últimas linhas. Ainda assim, tenho de acrescentar que duvido um pouco desse número. Não porque faça a mínima ideia acerca do que são 700 mil toneladas de fertilizante ou de qualquer outra matéria, não porque saiba qual a produção habitual de uma fábrica de fertilizante, mas porque ali tudo me parecia falso.
A fábrica era enorme. Passávamos por blocos de betão, pare-

des altas, seguíamos por ruas que tínhamos de atravessar de carro porque eram muito longas, grande distância. Por fora, todos esses espaços pareciam ter sido acabados de pintar. Por dentro, não cheguei a saber. No momento em que estava a receber uma explicação acerca do fabrico de fertilizante junto a um sistema intrincado de tubos gigantes, tentei espreitar para o interior de um desses pavilhões. Parou tudo. O senhor Kim foi buscar-me, sisudo. Todos os olhares e toda a reprovação sobre mim. E tive de voltar para junto dos tubos que ligavam depósitos, tubos brilhantes, pintados de verde, amarelo e vermelho muito vivo.

Também a dar cor, havia inúmeros painéis. Para além do habitual soldado a lutar nas montanhas, com tiros a rebentarem à sua volta, vi um atleta a cortar a meta. Ainda não conhecia esse. Gostei, talvez pelo descanso dos temas bélicos, talvez influenciado pela minha própria experiência. Nessa manhã, em Hungnam, tinha feito uma corrida regeneradora de 57 minutos e 46 segundos. Num hotel junto a uma praia deserta, tive cerca de oitocentos metros disponíveis para correr. Chegava ao guarda de um lado e voltava para trás, chegava à outra ponta e vinha um cão ladrar-me, os guardas desse lado, estavam sentados, só à minha espera, muito surpreendidos com aquilo que estavam a ver.

Na fábrica, por fim, pudemos entrar num pavilhão. Também as máquinas pareciam ter sido pintadas havia poucos dias e repetiam a mesma escolha de cores: verde, amarelo e vermelho. Os detalhes faziam muita diferença. Por exemplo, se o corpo da máquina era verde, os parafusos eram todos vermelhos, pintados um a um com pincéis fininhos por alguém cheio de paciência.

Apesar do que diziam, não deveria ser ali ou em lugares como aquele que produziam 700 mil toneladas de adubo por ano. Isto porque, apesar da barulheira que as máquinas faziam a girar correias, não havia pessoas ou resultados à vista. Naquele barracão enorme, estava apenas um homem a aparentar sessenta e tal anos com as mãos atrás das costas e uma mulher de trinta e tal, completamente maquilhada, a tentar falar através de um telefone antigo. De certeza que não era ali que costumavam estar os 7500 operários que o guia dizia trabalharem na fábrica. E enquanto mencionava números como este, enquanto os repetia para o caso de alguém não ter ouvido bem, sorria, exibindo os seus três ou quatro dentes de ouro.

Antes de sairmos, foi oferecido um maço de *Marlboro* a cada guia. Ficaram contentes, a acenarem.

Já na estrada, pouco depois, passamos por outra fábrica, rodeada de imensos barracões em ruínas, com os telhados desmoronados sobre o seu interior, fileiras de telhas velhas, como se lhes tivesse caído uma enorme pedra no centro. Paredes sujas e abandonadas.

No pictures, please.

Rodeada por essa destruição, percebia-se que a fábrica estava em pleno funcionamento porque libertava uma coluna de fumo branco, espesso, que cobria o céu. Literalmente, cobria o céu. Esse fumo branco tapava o sol em toda aquela região. Foi preciso andar vários quilómetros para voltar a ver o sol.

Sobre essa fábrica, ninguém quis falar ou dar explicações.

O mesmo já me tinha acontecido com a fábrica de *vinalon*. Em livros, tinha lido bastante sobre *vinalon*, a chamada "fibra juche". Esse têxtil era produzido apenas na Coreia do Norte, alguns anos depois de um dos seus inventores ter chegado ao país. Tendo sido amplamente reconhecido pelo regime como um dos seus símbolos e exemplos de êxito. Naquilo que li, dizia-se que o *vinalon* era resistente aos químicos e ao calor mas, por outro lado, era duro, com tendência a encolher, demasiado brilhante e difícil de tingir. Os guias Kim e Kim tentaram explicar como era, mas nunca conseguiram muito bem. Disseram sempre que avisariam quando vissem alguém com uma roupa desse material. Lembrei-os em várias ocasiões, mas nunca me mostraram ninguém que usasse roupas de *vinalon*.

Estávamos quase a chegar à cooperativa agrícola quando passamos por uma mulher a quem estavam a cortar o cabelo no quintal da sua casa. O carro ia muito devagar por causa dos buracos e tive a sensação de que os nossos olhares se tocaram. Eu aos solavancos dentro de um carro. Ela no centro do quintal, sentada numa cadeira, com uma toalha à volta do pescoço. Estávamos a ter dias muito diferentes, as nossas vidas eram muito diferentes, mas houve aquele instante em que nos olhamos. Como se, por um instante, tivéssemos tido acesso à realidade um do outro e, logo a seguir, nos separássemos para nunca mais nos voltarmos a cruzar.

A entrada da cooperativa estava rodeada por muros brancos. Encostadas a esses muros, agachadas ou sentadas em bancos muito baixos, havia mulheres com lenços na cabeça que tinham à sua frente pequenas cestas ou travessas com qualquer insignificância. Apesar de não terem clientes, estavam claramente a vender aqueles produtos.

Ao longo das estradas da Coreia do Norte já tinha encontrado inúmeras vendedoras semelhantes. Apesar de não ser constante, essa era a forma de comércio mais comum. Fora de Pyongyang, era muito raro ver uma loja de qualquer espécie e, mesmo na capital, não eram frequentes. Quando não havia mulheres com pequenos alguidares, cestos ou travessas, o habitual era não haver nada. Estavam nos passeios ou mesmo nos campos. À venda, podiam ter fruta, maços de cigarros, garrafas de bebida que serviam em canecas de plástico ou montinhos de produtos que não se conseguiam distinguir à distância.

A fruta disponível podia ser apenas uma laranja ou, por exemplo, duas maçãs. Comparada com os vários tons de castanho de todo o cenário, uma laranja parecia uma luz acesa. De rosto iluminado, as poucas mulheres que tinham frutas para vender pareciam sentir-se guardiãs de um tesouro precioso. As pessoas de passagem, principalmente as crianças, faziam uma paragem breve para olhar.

Os campos da cooperativa estendiam-se na distância, arados por linhas direitas e paralelas. Entramos numa sala com as paredes cobertas por bandeiras vermelhas e gráficos. Fomos informados acerca do número de vezes que Kim Il-sung e Kim Jong-il visitaram a cooperativa e, depois, acerca dos valores da produção: setecentas toneladas de arroz por hectare. Tentei imaginar setecentas toneladas de arroz. Foi também nesse ponto que soube que faziam criação de porcos, ovelhas, galinhas, patos, gansos e coelhos.

Entramos depois numa loja onde eram vendidos os produtos da cooperativa. Efetivamente, havia um canto com alguns vegetais. Muito arroz, um alguidar com uma dúzia de maçãs, outro com outra dúzia de tomates e vários com plantas, mais escuras ou mais claras, que eu nunca tinha visto. Creio que não voltei a vê-las desde então.

Mas aquilo que ocupava mais espaço e chamava mais a atenção eram os outros produtos. O aspecto geral lembrava-me algumas lojas que conhecia da minha infância, que pertenciam ao mesmo proprietário desde os anos 1930 ou 1940 e que, habitualmente, continuavam a ter artigos dessa época. A diferença era que essas lojas costumavam ter pouca luz e pouca arrumação. Esta tinha muita luz, as paredes eram brancas, e muita arrumação.

Vendia: botas de borracha para crianças, sapatos e sapatilhas; cadernos, lápis e material escolar que tinha pelo menos vinte anos, notava-se pelo papel amarelado ou pela oxidação dos agrafos; sabonetes, cremes e produtos de limpeza, muito arrumados, filas de escovas de dentes na horizontal à espera de serem vendidas por ordem; brinquedos insufláveis, bonecas, gatinhos, veados, cisnes insufláveis, todos com a estética dos desenhos animados soviéticos dos anos 1970; e fazenda para vender a metro, cobertores, camisolas de lã para crianças amarelas ou cor-de-rosa, cuecas, cuecas que chegavam para confortar um batalhão, e lenços vermelhos para os pioneiros. Comprei um gato insuflável e dois lenços de pioneiros. À frente, a cerca de dez metros, havia uma escola. Esperei lá por aqueles que ainda estavam na loja. Ouvia as vozes das crianças, em coro, a gritarem ou a cantarem. Umas cantavam, davam um jeito melódico às palavras. Outras, dizendo exatamente as mesmas palavras, ao mesmo tempo, apenas gritavam. Ainda assim, eram vozes de crianças novas, misturavam-se com a primavera, que, nesse dia de abril, estava bonita, luminosa.

No recreio da escola, havia alguns animais de cimento. Essas figuras eram bastante vulgares, viam-se com frequência em todo o país. Habitualmente, eram animais vestidos de pessoas, a desempenharem tarefas de pessoas: um urso a varrer o chão, outro urso futebolista, outro urso a preparar-se para cozinhar um peixe. Mas também vi coelhos, uma orquestra de sapos, com uma maestrina raposa, um porco a carregar uma bandeja de frutas, entre muitos outros. Sem esquecer, claro, a cena mais comum, que era um ganso a puxar as calças de um urso, deixando-lhe um pouco do rabo à mostra. Toda a gente achava piada a esse. Eram moldados no cimento e pintados a pincel. Equilibravam-se na fronteira fina entre o terno e o grotesco. Ali, no recreio, havia um elefante, formava um escorrega com a tromba. À sua frente, num canto, estava um tanque de guerra, também de cimento, com os símbolos norte--coreanos, pilotado por dois ursos de olhos arregalados.

Só quando as crianças começaram a sair é que percebi que estava tudo planeado. Foram chegando aos poucos, meio desorientadas, a olharem para todos os lados. Eram crianças que deveriam ter cerca de quatro anos. Fizeram as suas graças e inocências durante o período de tempo que as professoras decidiram. Um dos rapazes estava vestido com um uniforme militar em miniatura. Então, com algumas palavras em voz alta, as professoras deram ordem e alinharam-se todos em várias filas. Depois do sinal, começaram a cantar e a seguir uma coreografia de pernas e braços: palmas, passos em frente, passos para trás, braços para a frente, para cima, para os lados. Os mais pequenos e os mais distraídos podiam perder-se ou a olhar para os outros, tentando seguir-lhes os movimentos. Tinham ensaiado aquela canção/dança para nós.

Aquelas crianças eram filhas de trabalhadores da cooperativa. Viviam nos lotes anexos aos terrenos de cultivo. Com urbanismo geométrico, formavam uma pequena aldeia. Caminhamos até lá. Estava bom tempo, sol e passarinhos. Todas as casas tinham hortas muito cuidadas. Já tinha ouvido falar da dedicação que os norte-coreanos colocavam nas suas hortas. Então, fomos convidados a entrar numa dessas casas. Íamos visitar uma casa normal de uma família normal norte-coreana.

Ainda na rua, preso a uma casota, estava um cão branco. Tremia com medo de qualquer gesto. Encolhia-se e tremia. Depois, numa janela de tempo que só ele distinguia, lançava-se em movimentos furtivos com a intenção de morder. A corrente agarrava-o pelo pescoço e voltava logo a encolher-se, com demasiado medo até para levar uma festa na cabeça. O pânico nervoso do cão era perturbador. Alguém lhe tinha feito muito mal.

Todas aquelas casas tinham sido construídas havia cinco anos. Oitenta e dois metros quadrados cada uma. Aquela era habitada por quatro pessoas, os pais e dois filhos, um rapaz e uma rapariga. Os momentos mais significativos das suas vidas estavam reunidos num quadro coberto de fotografias e afixado numa parede. Os pais a casarem-se, os filhos ainda crianças, a crescerem, os pais em pose com os colegas de trabalho e, por fim, o filho no Exército e a família à sua volta, com orgulho nítido.

Apesar destes detalhes tão pessoais, a casa não parecia habitada. Havia roupa dentro dos armários, uniformes passados a ferro, mas, mesmo assim, a casa não parecia habitada.

Os filhos dormiam na sala, que era também a divisão das refeições. Os pais dormiam no quarto, cuja única decoração eram três calendários de parede, um com Kim Il-sung, outro com Kim Jong-il, outro com Kim Jong-suk, a mãe de Kim Jong-il. Na sala, claro, havia uma parede inteira apenas com dois retratos dos líderes. Essa era, aliás, uma marca conhecida de todas as casas norte--coreanas: todas tinham uma parede com os retratos dos líderes, que não deveria ter qualquer outra espécie de decoração.

Havia uma televisão na sala e outra no quarto. Eram as duas exageradamente grandes. Muito realista era a bateria de automóvel que estava ao lado da televisão da sala, decorada com uma enorme *kimjongilia* de plástico. Para além disso, a enfeitar, só havia mais alguns diplomas, com a imagem de Kim Il-sung, emoldurados e pendurados na parede.

A casa não parecia habitada porque cheirava a vazia, não tinha aquele calor que se sente nas paredes de uma casa onde vive gente, numa casa onde todos os dias há gente a acordar. Nas casas habitadas, o cheiro e a temperatura das pessoas entranham--se nas paredes. Além disso, havia a cozinha, fria, com a limpeza suja do tempo. Alguém lavou, limpou, arrumou, mas o tempo cobriu esse esforço com o fosco ténue do pó. Depois de explicarem como funcionava o sistema de aquecimento da casa, canos a partir do fogão da cozinha, levantei a tampa do lugar onde se acendia o fogo e estava cheio de lixo. Nenhum fogo ali tinha sido ateado nos últimos anos.

Vi a casa inteira. A casa de banho era uma divisão exterior, muito pequena, sem água ou torneiras, com um buraco no chão.

À saída, passamos por um curso de água que era atravessado por um grande cano. Um homem caminhava sobre ele com o filho pequeno às cavalitas.

Os meus filhos. A milhares de quilómetros, eu também tinha dois rapazes assim. Iriam receber lenços de pioneiros comprados numa cooperativa do interior da Coreia do Norte. O que estariam a fazer naquele preciso momento? Chegamos ao hotel do lago Sijung-ho ainda de dia. A menina Kim perguntou quem queria ir à praia e quem queria experimentar banhos de lama. Eu não queria nenhuma dessas possibilidades. Queria paz. Precisava de descansar da voz da menina Kim. Quando fechava os olhos, continuava a ouvir o seu sotaque, a forma como dizia certas palavras, certas frases que repetia centenas de vezes. Precisava de algum silêncio. O lago parecia apropriado a esse repouso.

Depois de guardar as malas no quarto, cheguei às margens do lago. A superfície de água era imensa, chegava até às montanhas, lá ao fundo. E, em toda essa distância, apenas a natureza, apenas os pássaros, apenas uma brisa muito ligeira que tocava as águas. Às vezes, havia peixes a saltarem, como se quisessem lembrar a existência de um mundo submerso. O sol tocava as águas com luz.

Então, ouvi a primeira gargalhada. Estendia-se no ar e, durante o seu tempo longo, ocupava todo aquele espaço. Era uma gargalhada histérica, a oscilar entre notas agudas e notas agudas. À bruta, despertei da contemplação com esses berros trinados.

Era o senhor Kim. Estava a falar com a argentina que viajava connosco. Não tinha ido à praia porque queria tentar os banhos de lama. Estava à espera. Os banhos iriam ter lugar numas enormes banheiras revestidas a azulejos, aquecidas por um sistema elétrico que fazia a lama chegar aos 42 graus. Segundo um letreiro, pintado na parede letra a letra, os banhos de lama eram recomendados para uma extensa quantidade de maleitas, ordenadas por sete grandes tipos de enfermidades.

A partir daí, já não consegui recuperar o descanso. A aragem e o silêncio traziam-me as gargalhadas do senhor Kim, que ficavam a ecoar-me no crânio. Apesar de estarmos a mais de cem metros, conseguia ouvir a sua conversa sem dificuldade. *Chupame la pica*, dizia a argentina. *Chupame la pica*, repetia o senhor Kim. E ria-se. Ria-se como um peru. A argentina, mais comedida, ria-se do descontrolo com que o senhor Kim se ria. E, logo a seguir, voltava à lição. Então, no meio disto, chegaram os mosquitos. Eram miudinhos e começaram a morder-me o corpo todo, principalmente as veias do interior dos braços e do peito dos pés. *Chupame la pica*, diziam a argentina e o senhor Kim, à vez.

Soube mais tarde, à hora de jantar, que todos os que estiveram nos banhos de lama apanharam choques elétricos. As ligações estavam mal conservadas.

As águas que desciam pela encosta do monte Kungang, furiosas, como se tivessem acabado de ser soltas, faziam um som constante que enchia tudo, comparável a um rugido desde o interior da terra, expressão da ira de um deus. Sentia-se no peito como um trovão na hora em que explode, próximo. As águas que desciam pela encosta do monte Kungang pareciam ser capazes de arrastar tudo, eram um enorme volume de água, um corpo maciço de água, que se lançava de encontro às rochas, se transformava em espuma branca e que, nem assim, perdia a força do seu poder. Eu atravessava uma ponte estreita de ferro.
Tinha chovido nos dias anteriores. Essa água limpa passava por baixo de mim e, durante esses instantes, ficava num mundo em que apenas havia aquela tempestade controlada por uma direção, um caminho.

No seu ponto mais elevado, tem 1638 metros e é uma das montanhas mais conhecidas da Coreia do Norte. "Kungang" significa "diamante" e é o seu nome de primavera, o mais utilizado. Noutras estações, tem outros nomes: no verão, chama-se "Pongrae", que significa "lugar habitado pelo espírito"; no outono, "Phungak", "lugar das folhas coloridas"; no inverno, "Kaegol", "lugar dos ossos de pedra".

Estava um nevoeiro que limpava as cores. Nos primeiros quinze minutos de caminhada, surpreendi-me com quase tudo. A beleza de todos os detalhes era feroz. Os sapos eram demasiado verdes e, quando parava a observá-los, eles olhavam para mim com a mesma atenção. Os ramos finos, caídos na terra, molhados, pareciam mais nítidos do que a simples realidade e, mesmo ao longe, as pedras do caminho pareciam estar na palma da mão, com todo o detalhe.

Foi nesses primeiros minutos que passamos por algumas rochas cobertas com palavras escritas. Os ricos do século XVI mandavam gravar o seu nome nas rochas para que ficasse registado que tinham estado ali. O tempo tinha amaciado os contornos desses caracteres e tinha-os integrado na pele da própria pedra. Já não eram cicatrizes, estavam cobertos pelo mesmo musgo e pela mesma cor: sol, chuva, silêncio.

É antigo o desejo de dizer "estive aqui", a necessidade de dizer "existo", esse gesto que se pode fazer de tantas formas e que, direta ou indiretamente, também faço ao longo destas páginas. Deslizei a palma da mão por essas rochas escritas.

Antes de chegarmos, o carro teve de parar em dois postos de controlo. Um soldado, com capacete de guerra, saiu a marchar de dentro da casinha rebocada onde estava à espera. As pessoas que passavam de bicicleta paravam e tiravam papéis dobrados dos bolsos do casaco. O soldado indicou um edifício à menina Kim e ao senhor Kim. Entraram com os papéis na mão. Depois de vinte minutos, o soldado arrastou a cancela de ferro que fechava a estrada: ferro a raspar no cimento.

No segundo posto de controlo, o senhor Kim saiu com os papéis e com um volume de maços de cigarros quase cheio. Mostrou os papéis, entregou os cigarros e avançamos. O carro ficou estacionado em frente a uma casa, onde pudemos ir à casa de banho pela última vez. Não tinha vontade, fiquei a ver um grupo de homens e de mulheres que jogavam voleibol. O motorista do nosso carro entrou logo em campo. Quando a bola passava a rede, para um lado ou para outro, a meia dúzia de vozes que assistia gritava em coro uma palavra por cada toque. Talvez fossem número, não posso ter a certeza: um, dois, três. Essas palavras eram ditas mais à vontade ou mais bruscamente, acompanhando a maior ou menor dificuldade com que a bola era jogada.

Seguimos por uma estrada de terra. Quando já não se ouviam vozes, apenas ar limpo atravessado por sons naturais, mesmo no início dos caminhos de montanha, a guia que ia connosco pediu silêncio. Depois de um instante, imitando-a, como ela esperava, viramo-nos todos na direção de uma enorme encosta e fizemos uma vénia demorada.

O nevoeiro batia na cara, era denso. Mas a grandiosidade do monte não podia ser escondida, nem pelo nevoeiro, nem sequer pela noite quando chegasse. Enquanto subia lentamente, parecia-me possível imaginar a vertigem que teria desde o topo das rochas onde só chegavam as aves. Havia pinheiros que estendiam longas raízes sobre os caminhos até se afundarem no interior da terra.

Ao fim de uma hora, avistamos um pavilhão ao longe. Seguimos nessa direção. Ainda demoramos a chegar. Os primeiros passos sob as telhas do pavilhão foram na direção de um canto que se debruçava sobre uma cascata: a partir de um intervalo na montanha de pedra, como se chegasse do seu interior, um jorro enorme de água com dezenas de metros. Mesmo à distância, impressionava o som da água a cair, como também todo o caminho que fazia desde que deixava de encontrar chão até que se afundava sobre si própria. Água constante.

A encosta era vertical, de pedra maciça, e estava gravada com palavras enormes. A menina Kim, de sapatilhas e saia mais curta do que o habitual, traduziu uma frase qualquer de louvor a Kim Il-sung. A minha primeira reação foi imaginar o que pensarão os futuros sobre isto, como irão compreender estas marcas irreversíveis na natureza. Mas, logo depois, lembrei-me das assinaturas nobres do século XVI. Lembrei-me de todas as esculturas que ainda existem a representar deuses que já ninguém venera.

Nesse pavilhão, estavam duas raparigas, muito vestidas e coradas, a olharem para tudo o que fazíamos, tentando não perder nada. Vendiam pacotes de bolachas, café e algumas latas de cerveja. Pareciam passar ali os dias. Riam-se de assuntos sem graça como a dificuldade de encontrar moedas para pagar ou o gesto de estender a mão aberta para receber troco. Imaginei aquelas raparigas, de manhã, a fazerem todo aquele caminho entre rochas, entre pinheiros, carregadas de bolachas, cerveja e café; a passarem ali o dia inteiro, a conversarem sobre tudo, como irmãs gémeas; depois, ao fim da tarde, a regressarem, levando o que não venderam. No dia seguinte, a mesma coisa.

Enquanto olhava para a cascata ou para as palavras esculpidas na encosta, o nevoeiro podia tornar-se mais espesso diante dos meus próprios olhos. De repente, a cascata ou a encosta começavam a ficar invisíveis. Ou podia ficar mais fino e, também de repente, numa mudança que se notava com clareza, voltavam a ver-se.

Na descida, a menina Kim contou uma lenda sobre oito fadas e um homem que as viu a tomar banho e que roubou as asas a uma, tendo por isso conseguido casar com ela. Anos mais tarde, quando lhe contou o que fez, ela deixou-o. A moral da lenda era um pouco dúbia.

O senhor Kim ganhou também coragem para contar uma história. Entre os seus risos estridentes, com a ajuda da menina Kim, contou a história de como um guia viu o rabo a uma estrangeira de saia demasiado curta enquanto ela bebia água numa nascente por onde passámos. A graça foi que, no final, ela agradeceu-lhe. *Thank you.* Ou seja, viu-lhe o rabo e ela ainda agradeceu. Que risota. Acho que o senhor Kim se riu pelo menos durante três minutos ininterruptos. E já tinha ouvido a história antes, era ele que a estava a contar, mas aquela parecia ter sempre piada. Quando recuperou um pouco a respiração, subitamente sério, explicou que, na hora, o guia não achou tanta graça porque teve muito medo de perder o emprego.

    De carro, após quilómetros, chegamos à lagoa Samil. Uma paisagem imensa. Como outras na Coreia do Norte, intocada, a deixar-nos imaginar o mundo antes da humanidade. E, sem aviso, trovões sobre a lagoa, apocalipse.

    Voltamos para o carro sob a chuva grossa e gelada. Para me abrigar, encostei-me a um muro com uma pequena cobertura. Nessa parede, vi pela única vez em toda a viagem algumas palavras escritas e um desenho espontâneo. Não sei o que estava escrito, mas o desenho parecia ser um avião militar norte-coreano, com os símbolos do país nas asas, desenhado com carvão de uma fogueira por uma criança. Apesar da raiz política da imagem, ver aquele desenho ali foi libertador porque, pela primeira vez ao longo daquelas semanas, encontrei uma forma de expressão que, nitidamente, partia de uma vontade criativa, de um impulso.

    Antes de iniciarmos a viagem para Wonsan, passamos por uma construção abandonada com um ar bastante mais moderno do que qualquer outra que tivéssemos encontrado no país. Em algumas montras, imagine-se, tinha anúncios da Kodak. A menina Kim, com cara de pesar, começou a explicação. Quis ouvi-la, embora soubesse com antecedência que a sua versão seria diferente da que já conhecia.

    A cerca de cinquenta quilómetros da fronteira com o sul,

tratava-se de um resort turístico, nascido de um acordo absolutamente excepcional entre a empresa sul-coreana Hyundai e o Estado norte-coreano. Pelo que lera antes de chegar, nascera de um sonho do fundador da gigante Hyundai. Foi usado a partir de 1998, mas, dez anos depois, uma turista sul-coreana foi morta a tiro por militares norte-coreanos quando se encontrava sozinha numa área restrita. Esse incidente levou à suspensão das visitas e encerramento do resort. Anos mais tarde, essa situação culminou na súbita nacionalização dessas instalações pelo Estado norte-coreano. A menina Kim culpou a Hyundai. E fez uma expressão de pena por o capitalismo ter levado à ruína esse projeto com os irmãos do Sul.

Ao contrário do que acontecia com outros países considerados hostis, como os Estados Unidos ou o Japão, não havia condenação explícita do povo sul-coreano, apenas dos seus dirigentes. Falava-se bastante da reunificação, sempre segundo os planos e as palavras de Kim Il-sung. Esse era um objetivo que se pretendia alcançar, sem qualquer influência ou intervenção dos americanos. Na Coreia do Norte, quando o mapa do país era mostrado, fosse em que contexto fosse, a península nunca se apresentava dividida. O mapa incluía sempre as duas Coreias.

À chuva, uma mulher de bicicleta pedalava devagar. Levava o filho de três ou quatro anos agarrado às costas, a dormir, com a cabeça deitada sobre a mãe. Mais à frente, outra mulher caminhava com um balde equilibrado sobre a cabeça e um guarda-chuva aberto, muito levantado no ar, sobre o balde.

Na estrada, vamos atrás de uma camioneta com uma caixa frigorífica de mercadorias. Do seu interior, há duas ou três cabeças que espreitam pela porta aberta. Como sempre fazia, o motorista do nosso carro começou a apitar, desalmado, antes e durante a ultrapassagem. Todos faziam isso. Olhei para dentro da caixa de mercadorias. Sem janelas, ia cheia de gente.

A chuva descia pelos vidros. A velocidade, apesar de baixa,

guiava algumas gotas em linhas irregulares. Fora de Pyongyang, sobretudo no Leste, passávamos muitas vezes por camiões movidos a lenha ou a carvão. Nessa viagem para Wonsan, já não eram novidade e já não justificavam a curiosidade das primeiras vezes que os vi. Essas viaturas pesadíssimas, de pneus altos e chapa grossa, eram camiões militares dos anos 1950. Atrás, tinham uma chaminé que espalhava bastante fumo à sua passagem e um homem que alimentava uma caldeira com lenha ou carvão. Muitas vezes, vi camiões desses a serem reparados na berma da estrada ou a serem empurrados por grupos de homens.

Ocorreu-me que a chuva não respeitava a fronteira. Chovia dos dois lados, ignorando os dramas e as mortes. Naquele momento, essa ideia impressionou-me.

O quarto em Wonsan não era muito diferente do habitual: cobertores de lã com um padrão de rosas; televisão avariada, sem reação; casa de banho sem água. Mas com uma vista extraordinária sobre um farol e um porto de traineiras.

Dormi pouco nessa noite. Precisava de falar com os meus filhos. No final desse dia, por fim, regressaria a Pyongyang. Naquele momento, era desmotivante pensar em todos os meios de transporte, todas as etapas, até atravessar a porta da minha casa em Portugal. Em Wonsan, parecia-me impossível imaginar que, daí a alguns dias, estaria na fila para mostrar o passaporte em Paris ou, mais incrível ainda, estaria a apanhar um táxi no aeroporto de Lisboa. Iria passar por tanta gente sem qualquer suspeita sobre a realidade dos lugares onde tinha estado, Hamhung, Kungang, Wonsan. Da mesma maneira, deixaria ali todos aqueles rostos sem possibilidade de imaginarem os lugares para onde me dirigia.

À janela, assisti aos diferentes tons que tingiram a madrugada e o início da manhã. Tinha passado demasiados dias sem escutar vozes familiares. Eu sabia que quando chegasse a Pyongyang iria sentir-me melhor.

E, de novo, a mala arrumada. Pequeno-almoço, ovos etc. Caminhada ao longo de um enorme pontão que terminava no ilhéu do farol. Mulheres e crianças com água pelos tornozelos, a apanharem qualquer animal de concha. Uma frase escrita na cabina de uma traineira, traduzida pela menina Kim: "Defendemos com o nosso trabalho o Comité Central do Partido dos Trabalhadores da Coreia, que tem Kim Jong-il como líder".

Concluído esse passeio, o Campo Internacional do Sindicato das Crianças de Songdowon ficava a poucos minutos de distância. Ao longo de um pinhal, uma estrada. Depois, um espaço muito amplo, como uma praça, rodeado por edifícios e por um lago artificial, com barcos a remos atracados à margem. Ao fundo, depois do lago, uma piscina com um enorme escorrega aquático, cada pista com uma cor diferente, arco-íris desbotado. À volta da água, animais de cimento, nomeadamente o ganso que puxava as calças ao urso.

Na outra extremidade desse espaço, centrada entre edifícios, uma estátua de Kim Il-sung de mão dada a duas crianças, um rapaz e uma rapariga vestidos com o uniforme dos pioneiros. Na parede do edifício à esquerda, um painel de azulejos com o mapa do mundo, a Coreia ao centro, preenchida a vermelho.

Os edifícios pareciam desertos, com a exceção de algumas pessoas dispersas, poucas, que estavam a limpar as janelas, ou a cortar a relva, ou a varrer, ou a martelar um prego, ou a olhar para nós com grande espanto.

O Campo Internacional destinava-se a crianças norte-coreanas e de outros países, entre os dez e os catorze anos. Segundo a guia, podiam vir de qualquer ponto do mundo, só precisavam de candidatar-se nas embaixadas da Coreia do Norte e pagar a viagem. Durante uma semana, ficavam juntas, estudavam a natureza e faziam desporto. Uma estadia de duas noites no monte Kungang passou a fazer parte do programa desde que o querido líder, generoso, ofereceu mil tendas de seis lugares.

Fomos ver um dos quartos onde as crianças ficavam: cinco camas brancas, com os cobertores muito bem dobrados, à espera de serem feitas por meninos obedientes; um frigorífico encostado à cabeceira de uma das camas; uma secretária com um telefone antigo; uma televisão gigante em cima de uma pequena mesa. A única decoração de todo o quarto eram as fotografias de Kim Il--sung e de Kim Jong-il, lado a lado, no topo de uma das paredes.

O globo terrestre do escritório de um dos líderes, não me recordo de qual, foi oferecido para estar no Campo Internacional do Sindicato das Crianças de Songdowon. Assim que me aproximei, procurei Portugal. E, por instantes, foi como se olhar para aquela pequena figura preenchida a amarelo-torrado, com a indicação de três cidades, me aliviasse a falta. Até aquela imagem impessoal, de fronteiras desenhadas grosseiramente, era capaz de evocar uma ligeira familiaridade.

Caminhando por corredores enormes, vazios, sombrios, com eco, fui chegando a lugares como uma sala de espetáculos, iluminada por lâmpadas foscas e antigas, com uma formação de instrumentos velhos no palco, numa espera de décadas, aguardando por um concerto cujos músicos nunca apareceram. Passei também por uma sala coberta por secretárias com grandes televisões, como uma imagem inocente de modernidade, de tecnologia. Nos corredores, cruzava-me com fotografias onde se mostrava sempre situações perfeitas de crianças felizes, a cantarem no *karaoke*, a tocarem viola ou a andarem de elevador.

Lembrava-me muito de Pyongyang. Queria chegar lá, falar ao telefone. Estava cansado. A minha pressa aumentava nas muitas salas intermináveis de animais embalsamados. Todo o tipo de animais: aves, répteis, mamíferos tristes com olhos de plástico brilhante. Entre esses, um pequeno veado, pouco à vontade na sua morte recheada de pelúcia ou, pior ainda, uma foca com os olhos quase a caírem, a parecerem húmidos, e com a cabeça calva, sem pelo no topo, depois de uma doença de pele ou de milhares de crianças possíveis a fazerem-lhe festas.

Uma parte dos dez hectares que constituíam o Campo Internacional era praia. Caminhando até lá, foi-nos dito que tinham acabado de sair centenas de crianças na véspera e que chegariam centenas ainda nessa tarde. O grupo de estrangeiros com quem entrei no país continuava dividido. Mais tarde, quando falei com outros que visitaram o Campo de Songdowon noutro dia, contaram que lhes tinham dito exatamente a mesma coisa: centenas de crianças tinham saído na véspera e centenas chegariam nessa mesma tarde.

Com o regresso a Pyongyang, ganhei ânimo. Comecei a desenvolver na cabeça os diálogos que iria ter ao telefone com os meus filhos. Ao mesmo tempo, a paisagem na janela e as pessoas espalhadas nessa paisagem: a pouca distância da estrada, uma corda atada a uma pá; um homem a espetar a pá na terra e outro a puxar a corda para levantar a pá. Os poucos carros com que nos cruzávamos nunca eram camionetas de mercadorias. E, à passagem por aldeias, pessoas a fazerem tijolos com argila negra: grandes quantidades de tijolos arrumados, negros, a cobrirem muito chão. Diante das casas em obras, mulheres a amassarem cimento dentro de alguidares, à mão.

Já estava tão habituado à letra tremida nos blocos de notas.

Mas àquela hora, tarde lenta, via sobretudo gente a caminhar por veredas enormes, longas, sem qualquer destino que se pudesse identificar. Homens sozinhos a um ritmo constante, a serem únicos em caminhos de terra que podiam serpentear por colinas ou estender-se retos até ao horizonte. E mulheres sozinhas a fecharem a tarde, talvez a carregarem enxadas ou ferramentas de trabalho, a avançarem sem dúvidas numa direção onde não se distinguia nada para além de terra árida, cores secas e tempo suspenso.

Ainda era de dia quando chegamos ao Monumento das Três Cartas para a Reunificação Nacional. Era a hora de melhor luz. A minha alegria ficou registada nas fotografias que tirei a mim próprio, com o braço esticado à frente do rosto.

Após aqueles dias em estradas e cidades do leste do país, Pyongyang parecia uma metrópole futurista. Pouco depois de entrarmos na cidade, no passeio da esquerda, uma fileira com dezenas de soldados a fazerem chichi ao mesmo tempo: uma sucessão de sessenta ou setenta arcos de urina. Muito dificilmente voltarei a ver essa imagem na minha vida.

De novo, o hotel Yanggakdo e todas as suas possibilidades. O balcão dos telefones estava lá, podia ser utilizado, mas àquela hora os meus filhos estavam na escola. Teria de esperar um pouco mais. No tempo que tinha disponível até ao jantar, fui à livraria e comprei alguns postais. Já não chegariam antes de mim.

Era capaz de sentir a despedida de tudo o que me rodeava.

Cheguei a um quarto novo, como se já o conhecesse. Sem desfazer a mala, sentei-me na cama e escrevi este postal:

Eram palavras literais que, naquele preciso momento, tinham um significado bastante sentimental. Eu estava a viver o seu significado.

Ao mesmo tempo, divertia-me a imaginar aquilo que ficariam a pensar os controladores do regime caso se dessem ao trabalho de averiguar o que estava escrito em português naquele postal. Além disso, era vertiginosa a ideia dos lugares por onde ia passar aquele postal com selos carimbados na Coreia do Norte. Impressionavam-me as possibilidades do seu caminho: as mãos por onde iria passar, os pensamentos que iria provocar. E, aquilo que tinha escrito, entre mim, sentado na cama de um quarto em Pyongyang, e mim, a abrir a caixa do correio, outro, longínquo, habitante de um futuro incrível.

Escolhi o postal com uma fotografia do Palácio das Crianças, onde iria no dia seguinte:

Depois de jantar, fomos ao parque de diversões. Não esperava

o que encontrei. Era mesmo um parque de diversões, semelhante a qualquer outro que pudesse encontrar no Ocidente. Depois de tudo, o mais vulgar era o mais surreal. À partida, não me tinha imaginado a andar de montanha-russa na Coreia do Norte, mas andei. Duas vezes.

O parque estava cheio. Era difícil avançar entre a multidão. Muitas pessoas de todas as idades, muitos militares fardados, que eram sacudidos em todas as direções. Essa imagem dos norte-coreanos era nova para mim: de cabeça para baixo, a gritarem.

As filas para as diversões eram enormes, chegavam a ter centenas de metros. Os corpos das pessoas podiam apertar-se uns sobre os outros, o peito de uns contra as costas dos da frente, mas as cabeças continuavam indiferentes a esses movimentos, a olharem para longe, a seguirem as marés do pescoço. Nós não ficávamos nas filas. Assim que nos aproximávamos de uma diversão, a menina Kim perguntava quem queria ir, levantávamos o braço e passávamos à frente de toda a gente. Havia uma mulher que acompanhava a menina Kim e que anotava aquilo que haveríamos de pagar à saída.

Há muito tempo que se tornara claro que éramos privilegiados em tudo. Andávamos em carros que davam solavancos pelas estradas do país, mas a maioria dos norte-coreanos viajaria menos ao longo de toda a sua vida do que nós naquelas duas semanas. As suas pequenas deslocações seriam a pé, de bicicleta ou na traseira de camiões de caixa aberta. A comida era quase sempre a mesma, mas tenho a suspeita, muito próxima da certeza absoluta, que qualquer uma daquelas refeições seria considerada um banquete pela maioria dos norte-coreanos. Não tínhamos água nas torneiras dos quartos, a maioria dos norte-coreanos tinham de fazer quilómetros com baldes e vasilhas para terem alguma água.

Os exemplos do nosso privilégio eram inúmeros.

Observei a torre durante alguns minutos. Acredito que tinha

mais de cem metros de altura. À sua volta, tinha um anel de cadeiras que subia lentamente até ao topo e, depois, caía abruptamente. Fui com alguns dos estrangeiros que viajavam comigo, mas, por pudor, não me sentei perto deles, não quis ficar virado para a fila de centenas de pessoas a quem tínhamos acabado de passar à frente. Fiquei no outro lado, entre norte-coreanos. As cadeiras começaram a subir. Com os pés no ar, cada vez mais altos. Havia uma certa partilha íntima na proximidade das reações dos jovens soldados que tinha ao meu lado. A paisagem noturna aumentou até chegarmos ao topo da torre e ser total.

Para lá das luzes coloridas e intermitentes do parque de diversões, imediatamente abaixo de nós, a cidade era muito menos iluminada. Ainda assim, como se olhasse para o mapa, consegui distinguir vários lugares e monumentos que já conhecia. Porque tinha estado a observar a torre, sabia que íamos descer a qualquer momento, como se caíssemos.

Passou o tempo habitual e continuamos lá em cima, com os pés pendurados no ar, o som do parque de diversões, lá em baixo, a ser distante. Os soldados que tinha ao meu lado repetiam uma palavra. A torre dava estalidos a um ritmo constante. Começaram a surgir-me possibilidades. A mais insistente era: e se os parques de diversões não fossem tão fiscalizados na Coreia do Norte como noutras partes do mundo? A torre era realmente bastante alta.

E não descia. Já tinha passado em vários minutos a duração da paragem que costumava fazer. Comecei a tentar pensar noutra coisa. Não era fácil. Tentei comunicar com os soldados, que olharam para mim com olhos pequenos e que pareciam tão assustados quanto eu. Prometi a mim próprio que, se escapasse, não voltava a andar em mais nenhuma diversão. Acabei de formular este raciocínio e caímos abruptamente.

Não cumpri a promessa. Mal cheguei ao chão, fui para os carrinhos de choque, onde persegui um militar de alta patente.

Chegados ao hotel, ninguém queria terminar a noite. Em Pyongyang, a cidade mais animada da Coreia do Norte, havia o *karaoke* do hotel.

A bebericar copos de cerveja quente, sentado em sofás baixos, assistia aos meus colegas de viagem a cantarem canções da Celine Dion e do Elton John para microfones com o volume demasiado alto, com demasiado eco, entre paredes com papel dourado a descolar-se nos cantos, lâmpadas de várias cores e arranjos de flores de plástico.

Analisei a lista de canções disponíveis e escolhi "Civil War", dos Guns n' Roses. Por um lado, era a única que se aproximava minimamente do meu gosto musical. Por outro lado, não resisti a cantar em Pyongyang um refrão que diz: *I don't need your civil war.*

A parte assobiada foi aquela em que me saí melhor.

Quando voltei ao lugar, uma inglesa, com pronúncia de inglesa, disse:

Not bad, José.

Olhei para ela sério e não lhe respondi.

Telefonei aos meus filhos de madrugada.

Sei que não se aperceberam da importância que essa conversa rápida teve para mim. Disfarcei, tentei que não notassem qualquer diferença. Sabiam que eu estava longe, mas não sabiam quanto.

Preparava-me para tomar um duche quando tocou o telefone do quarto.

Esse som foi um choque. Até aí, não tinha sequer reparado na existência do aparelho. Em três passos, aproximei-me e levantei o auscultador.

Num inglês difícil, uma voz de mulher perguntou-me se tinha feito algum telefonema nesse dia. Apreensivo, respondi que sim. Pediu-me para passar na secção de telecomunicações logo que possível, estas foram as suas palavras. Desliguei com dúvidas a cruzarem-me a cabeça, nem sempre reconfortantes.

O hotel Yanggakdo tinha a vantagem do duche. Não a desperdicei, mas a água escorreu sobre alguma ansiedade. Tinha a consciência tranquila, mas o papel que era obrigado a preencher com a indicação do número e do país para onde ligava parecia-me sempre um sinal de vigilância desnecessária. Não me surpreendia que os telefonemas fossem escutados por alguém. Nesse caso, o meu filho mais pequeno a falar de jogos de computador, por exemplo, podia gerar confusões.

Pai, hoje matei mais de dez sem usar a bomba que mata todos e passei para um nível onde ganhei uma arma que dispara um raio azul.

Também temi pelo postal da véspera. Será que tinham perguntas sobre isso? Havia a possibilidade de ter de explicar algumas noções de pós-modernismo literário a um militar da Coreia do Norte.

Com uma camisa enxovalhada por ter ficado tanto tempo no fundo da mala, desci à recepção. Estava pronto para enfrentar o problema. A senhora dos telefones, dos e-mails e dos selos viu-me chegar e, ainda ao longe, começou a sorrir. Mostrou-me um casaco de malha e perguntou se era meu. Alguém o tinha esquecido ali. Era isso que me queria dizer.

No caminho para o Cemitério dos Mártires Revolucionários, passamos pelo mausoléu de Kim Il-sung. Estava fechado havia anos. Não era possível visitar o seu corpo embalsamado, como milhares de norte-coreanos fizeram durante anos. Vimos apenas a imponência exterior do mausoléu. Ao fundo de uma reta enorme, impecavelmente alcatroada, com três faixas para cada sentido, o mausoléu do grande líder tinha sido, em vida, o edifício do seu escritório de trabalho. Grande e sólido como uma montanha quadrada de betão.

Prosseguimos alguns quilómetros em estradas que atravessavam a floresta. O Cemitério dos Mártires Revolucionários acompanhava a encosta de um monte. Os túmulos dos mártires, heróis guerrilheiros, resistentes à ocupação colonial japonesa, consistiam no busto em cobre de cada um deles. Assentes sobre uma base de pedra, com o nome, que acabava sempre com a palavra "camarada". E três datas: nascimento, entrada no Exército, morte. Uma enorme escadaria passava entre estes túmulos. Dos lados, havia enormes conjuntos de estátuas, a representarem momentos heroicos ou trágicos: crianças a chorarem, homens a segurarem metralhadoras com as duas mãos, a olharem-nas e a não terem dúvidas acerca do seu dever.

No topo do cemitério, ao centro, diante de uma enorme bandeira de mármore, o túmulo de Kim Jong-suk, a Heroína da Revolução Antijaponesa, mãe de Kim Jong-il, primeira mulher de Kim Il-sung. A menina Kim, emocionada, disse que se prestava homenagem a todas as mães naquele túmulo.

Sucediam-se visitas de batalhões militares. Passavam em formação, com a mesma altura e o mesmo olhar. Alguns eram do norte do país. Tinham a pele corada e um uniforme diferente: tecido mais forte e, quase de certeza, mais áspero; um chapéu verde de lã grossa.

Estávamos quase a ir embora, esperávamos pelo motorista, quando passou um batalhão com centenas de soldados. Dirigiam-se para o cemitério. Marchavam em sincronia absoluta, levantando muito a perna em cada passo, como se pontapeassem o ar. E cantavam uma melodia que fazia as suas vozes ondular na garganta ao mesmo ritmo. Noutros momentos, era murmurada: dezenas de rapazes com voz de homem a murmurarem ao mesmo tempo. O impacto desses efeitos sentia-se na pele, fisicamente, vibrava.

Estava sol em Pyongyang, claridade branda de primavera, mas quando estacionamos diante do portão da Escola Secundária nove de Junho, o vento varria o campo de futebol. Pequenas nuvens de pó eram arrastadas ao longo da terra do campo. Os jogadores ignoravam-nas, como ignoravam tudo o que não fosse a bola. Não os contei, mas estou certo de que cada equipa tinha mais de onze jogadores. Aquilo que não posso ter a certeza é que houvesse duas equipas ou, se havia, creio que a maioria dos jogadores não sabia qual era a sua.

Uma multidão de rapazes com vinte e tal anos corria atrás da bola. Davam-lhe pontapés conforme a apanhavam. Às vezes, falhavam e acertavam no ar com remates tão convictos que até podiam cair de costas. Quando apanhavam a bola, chutavam-na com toda a força para qualquer direção, inclusive para cima; ou saíam a fintar toda a gente que lhes aparecesse à frente, até aqueles que pareciam ser da sua equipa. Dois usavam equipamento de futebolista, alguns poucos estavam de fato de treino completo, também havia uns só com a parte de cima ou de baixo do fato de treino, mas o mais comum era estarem de uniforme e botas militares ou de roupas civis e casaco impermeável. Os que usavam equipamento completo não jogavam melhor do que os outros.

E a bola passava à frente de três ou quatro jogadores seguidos, que tentavam pontapeá-la e falhavam. Noutros momentos, podiam embaraçar-se em fintas. A bola podia ser disputada por cinco ao mesmo tempo, um dos quais tinha caído e revolvia-se na terra. Normalmente, quando a bola chegava aos pés de um jogador, era por acaso.

A professora que nos ia mostrar a escola deu-nos tempo para assistirmos um pouco ao jogo. Sorria muito e falava inglês quase perfeito.

À entrada, um enorme quadro com os líderes rodeados de crianças. Kim Il-sung ria abertamente e tinha crianças sentadas ao colo, agarradas ao pescoço e a envolverem-no. Kim Jong-il, com menos à-vontade, apenas sorria e tinha algumas crianças agarradas aos braços estendidos. Como era costume, sob os quadros dos líderes havia arranjos de flores.

As paredes dos corredores exibiam enormes quadros de honra preenchidos por fotografias de alunos orgulhosos, com o seu melhor uniforme, na sua melhor pose. Havia também quadros de ex-alunos que atingiram êxito nas mais diversas áreas e um quadro específico para aqueles que se distinguiram na carreira militar.

Naquele momento, a escola tinha oitocentos alunos e quarenta professores, que lecionavam um total de cinquenta disciplinas. Entrei em algumas salas, que tinham sempre as fotografias dos líderes. Entrei também no laboratório, onde não faltavam as cobras em frascos e os animais embalsamados, entre os quais um tigre com ar ameaçador, mas com a cabeça achatada, deficiente.

Também estive na sala da disciplina de História das Atividades Revolucionárias de Kim Il-sung: as paredes cobertas pela sua cronologia. A sala da disciplina de História das Atividades Revolucionárias de Kim Jong-il era parecida. Estava em silêncio, a fazer mentalmente essa constatação, quando uma rajada súbita de vento abriu a janela com toda a força. De repente, o caos. Para além do barulho, as cortinas estenderam-se a dar corpo ao vento e explodiram papéis no ar, eram as folhas de pequenos dossiês que estavam a meio das secretárias, partilhadas durante anos pelos alunos que ali se sentassem.

A professora preocupada, a fechar a janela e, depois, a recolher todos os papéis do chão.

E fomos levados para uma sala com um pequeno palco. Sentamo-nos na plateia. As cadeiras vazias à nossa volta chegavam para receber uma plateia que fosse quatro ou cinco vezes maior do que o nosso grupo.

Então, começaram a suceder-se números artísticos de meninas em início de adolescência a cantarem, dançarem e tocarem instrumentos tradicionais. Esse foi o caso de uma virtuosa de *gayageum*, que não teria mais de doze anos, tantos quantas as cordas dessa espécie de cítara tradicional coreana.

Aquelas meninas estavam ali, vestidas a rigor com fatos tradicionais, com todo um espetáculo montado só para nós. Quando se aproximaram do público e estenderam as suas pequenas mãos, saltei logo para a pista. Na Coreia do Norte, dancei mais do que esperava.

Depois de aplausos, vénias e sorrisos tímidos, a menina Kim começou a apressar-nos. Ainda era cedo, a manhã ia a meio, mas tínhamos uma grande viagem pela frente.

Havia terminado a separação entre o grupo *ultimate mega*. E eu tinha-me habituado às estradas. Por isso, passei metade da viagem a conversar, a comparar experiências, e a outra metade a dormir um sono de profundidade média.

O monte Myohyang foi um excelente lugar para abrir os olhos e encher o peito de fresco. O vagar dos pinheiros contagiava. Havia pedras com palavras esculpidas. Não tive curiosidade de perguntar o que significavam, preferi imaginar a versão mais benevolente e poética. Às vezes, havia esquilos breves que restolhavam algum ponto misterioso. Eu subia ligeiro por degraus cavados nas rochas. As encostas eram todas de pedra. A água escorria por elas num movimento justo. A menina Kim, com as suas explicações, tinha ficado lá atrás. Eu perseguia a música de todos os pássaros invisíveis que enchiam o ar.

Esse tempo existiu.

"Monte da Fragrância Misteriosa", essa é a tradução do seu nome. Mas, com toda a excelência do monte Myohyang, a pressa da menina Kim era, muito claramente, de chegar à Exposição da Amizade Internacional. Só a vi sorrir quando passamos os seus portões. Depois do sentinela muito hirto, a segurar uma metralhadora prateada, nova em folha, a imitar uma estátua até nos pensamentos.

Na véspera, a menina Kim tinha-nos pedido para nos vestirmos bem na visita à exposição. Era importante. Enquanto entrávamos, olhando para todos os lados, saía um grupo de norte-coreanos, ordenados em fileiras como se fossem militares.

Toda a gente tinha de se descalçar. Não havia sapatos que

fossem suficientemente bons para pisar o chão do museu. Foi-nos dada uma espécie de sacos de pano para enfiar os pés. Com essas pantufas, ninguém fazia barulho a caminhar e ninguém era capaz de escapar ao ridículo.

A Exposição da Amizade Internacional consistia em dois edifícios, um maior, com os presentes oferecidos em ocasiões oficiais a Kim Il-sung, e outro menor, com ofertas a Kim Jong-il.

Segundo a guia, o edifício de Kim Il-sung contava com 111 mil peças oferecidas por representantes de 184 países. O museu estava organizado pela origem geográfica das ofertas. E havia de quase tudo. Desde as bugigangas mais baratas, como um urso de peluche entregue por um grupo de trabalhadores da República Democrática Alemã, até aos objetos mais bizarros, como um crocodilo embalsamado a servir um tabuleiro com cálices, oferecido pelos Sandinistas da Nicarágua. As salas eram enormes, a visita era fastidiosa. A maioria dos objetos não tinha qualquer interesse e, atrás de vitrinas, pareciam expostos numa daquelas feiras de bricabraque onde se vende aquilo que as pessoas não querem nas suas casas: serviços de café, de chá, bibelôs, jogos de xadrez, pratos, peças de mobiliário, tapeçarias, candeeiros, muitas cadeiras e cadeirões.

Era incrível a quantidade de armas que as associações de amizade ofereciam. Não seria de supor que um sentimento como a amizade desse origem à oferta de tantas pistolas, metralhadoras ou espingardas de caça. Muitas vezes, tratava-se de armas usadas e pareciam ser um presente prático, para trazer ao uso.

As primeiras salas, longas, intermináveis, tinham sido preenchidas pelas ofertas dos países do bloco de Leste. Depois da pele de um urso caçado pelo próprio Ceausescu, havia toda uma coleção de carros oferecida pela União Soviética: gigantes, pretos, de chapa grossa, com cortinas nas janelas de trás. Também a ocupar um espaço imenso estavam dois vagões de comboio, completos, um oferecido por Estaline e o outro por Mao Tsé-tung, ambos continham quarto e escritório equipados para Kim Il-sung.

A guia perguntou-nos de onde éramos. Queria mostrar-nos os presentes oferecidos pelo nosso país. Voltei a ter notícias do Comité Português de Estudo do Kimilsunismo, o mesmo que tinha deixado uma placa na Torre Juche, em Pyongyang. Em 1982, o chefe do comité, pertencente à secção do Cacém, tinha oferecido um conjunto de terrina e tigelas em forma de couve, louça das Caldas da Rainha. Havia ainda louça oferecida pelo ex-presidente Francisco Costa Gomes e pela Câmara Municipal do Seixal.

A seção de ofertas dos Estados Unidos era tão grande como a da Martinica. Não muito maior do que a da Ilha de São Martinho, nas Antilhas, que tem uma população de 85 mil habitantes e que, entre outras coisas, oferecera a Kim Il-sung um exemplar de um livro intitulado *Love Songs Make You Cry*.

Após tudo isto, quando já merecíamos algum descanso, passamos a uma sala onde estava uma figura de cera, muito realista, de Kim Il-sung. Atrás, pintado e iluminado com rigor, estava o céu e uma cordilheira de montanhas. A rodeá-lo, havia uma quantidade colorida de flores. Num dos lados, estava um pequeno veado, a espreitar. Neste paraíso, Kim Il-sung, de fato e gravata, sorria e fixava-nos, acompanhado pelo hino tocado por uma orquestra militar. Não foram precisas muitas explicações, colocamo-nos em posição e fizemos uma longa vénia.

Estávamos prontos para receber os sapatos e sair dali, mas faltava o edifício de Kim Jong-il. Trinta e nove mil presentes, vindos de 170 países. Nesse caso, quando a guia entrava numa sala, já estava toda a gente quase a sair. Ainda assim, havia alguns objetos interessantes, como uma bola de futebol datada de 2003, onde estava escrito: "Para o Presidente Kim Jong-il, do amigo Pelé". Também uma bola de basquete, autografada por Magic Johnson, ou uma camisola de lã tricotada à mão pela mulher do reitor da Academia Nacional de Música Tchaikovsky, da Ucrânia.

A menina Kim estava encantada com tantas riquezas e com tanto reconhecimento internacional que os líderes recebiam.

No fim, merecemos o chá com vista sobre o monte Myohyang.

Após quilómetros na direção de Pyongyang, avançando na direção do fim do dia, chegamos às grutas de Songam: pedras iluminadas por luzes vermelhas, azuis, verdes; uma fonte que dava sorte a quem bebesse da sua água, não caí duas vezes no truque da diarreia; e uma guia a contar piadas permanentes sobre "a parte importante do corpo" dos homens. A gruta estava cheia de formações calcárias com a forma dessa "parte importante do corpo". Os homens foram convidados a escolher aquela que lhes era mais familiar, com a qual mais se identificavam.

Os norte-coreanos quase perdiam a força nas pernas com estas referências a pilas. Riam-se até chorarem. Os olhinhos desapareciam-lhes na cara.

Como se não estivesse morto, Kim Il-sung fazia cem anos.

A recepção do hotel Yanggakdo estava cheia de estrangeiros e de todos os seus guias a fumarem cigarros seguidos. Havia grandes arranjos de kimilsungias e kimjongilias, à volta de frases coreanas que continham sempre o número cem. Uma parte desses estrangeiros era jornalistas que tinham vindo cobrir os acontecimentos daquele dia, a parte maior era participantes no Festival de Primavera da Amizade e das Artes, 28ª edição.

Na rua, havia muito mais carros do que habitualmente. Mercedes antigos e duas filas de Volkswagen brancos, novos, alinhados, como se tivessem acabado de sair da fábrica.

No elevador cheio, surpreendi-me a olhar com curiosidade para eslavos, africanos e árabes. O meu próprio espanto ajudava-me a compreender melhor o espanto com que os norte-coreanos me tinham olhado ao longo das últimas semanas. Eu via um número limitado de estrangeiros há quinze dias, enquanto os norte--coreanos de rua, mesmo em Pyongyang, viam estrangeiros apenas muito raramente e alguns, fora de Pyongyang, estavam a ver estrangeiros pela primeira vez.

O sol daquela manhã era óbvio para a menina Kim. Da mesma maneira, não surpreendia nenhum norte-coreano. Afinal, Kim Il-sung era frequentemente chamado "Sol da Humanidade" e ninguém esperaria que os elementos não lhe obedecessem no seu próprio dia.

À saída da ilha Yanggak, havia uma placa que proibia que se atravessasse a ponte de bicicleta. Nessa manhã, centenas de ciclistas desmontavam e faziam esses metros a pé. Os passeios estavam cheios. Quando eram pequenos para tanta gente, havia multidões a caminhar na estrada. Os transportes públicos, autocarros ou carros elétricos, não podiam levar mais passageiros. Muitas vezes, os corpos das pessoas saíam pelas janelas abertas. Os pés e as pernas estavam dentro do elétrico, mas o tronco e o resto do corpo da cintura para cima saía pela janela.

Toda a gente andava com as suas melhores roupas. Alguns levavam ramos de flores de plástico.

Ao longo das ruas, havia postes com bandeiras vermelhas e da Coreia do Norte. As polícias-sinaleiras, também chamadas "flores de Pyongyang", estavam ainda mais bonitas e energéticas do que nos outros dias. Faziam os seus gestos, desenhando ângulos perfeitos no ar. No centro de cruzamentos com pouca circulação de trânsito, quando nos mandavam parar, o motor do autocarro abrandava e ouvíamos a música que os altifalantes espalhavam sobre a cidade.

Sem saber bem para onde estávamos a ir, chegamos a um parque onde uma multidão aproveitava o bom tempo. Metade eram estrangeiros, participantes do Festival de Primavera da Amizade e das Artes, a outra metade eram norte-coreanos. Estávamos no parque Taesongsan, no extremo nordeste da cidade. Diante de um grande monumento, o Portão Nam, estava uma orquestra ligeira com dezenas de raparigas muito idênticas entre si, provavelmente com a mesma idade, 22 ou 23, todas com o mesmo penteado e com o mesmo uniforme branco. Eram, pelo menos, mais de cinquenta e tocavam temas dançáveis. Sentadas em cadeiras, batiam o pé e balançavam-se. À frente da formação, com o mesmo uniforme, quatro raparigas faziam uma dança recatada, graciosa, com bastões.

Num relvado, no meio de centenas de pessoas, iam-se sucedendo coreografias feitas por grupos de crianças. Podiam ser tradicionais, como a dança *Pungmul,* com raízes rurais, em que vários bailarinos com fitas presas ao topo do chapéu mexem a cabeça a toda a velocidade, criando círculos e figuras redondas com as fitas; mas também podiam ser mais desprendidas da tradição, como no caso em que meia dúzia de meninos vestidos de pandas abanavam o rabo e dramatizavam um enredo infantil.

Os estrangeiros aplaudiam tudo e não me parece errado dizer que apresentavam algumas diferenças importantes em relação aos estrangeiros que me acompanhavam. Enquanto nós andávamos a olhar para tudo, estranhando e tentando perceber, eles estavam muito mais descontraídos, bebiam cervejas, lançavam discos de plástico ou participavam em alguns dos jogos que aconteciam entre danças e músicas: jogos com arcos, com lenços, corridas de sacos etc. Na sua maioria, vinham de repúblicas pertencentes à antiga União Soviética e todos tinham bonés azuis ou vermelhos.

Alguns eram mais importantes do que os outros e tinham um lugar privilegiado para assistir ao espetáculo. Debaixo de uma lona, à frente de cada um desses, estava uma mesa posta com amendoins, rebuçados, um pão, uma maçã, uma garrafa de cerveja e uma garrafa de sidra.

Afastei-me um pouco. Caminhei na direção do parque de diversões Taesongsan, a algumas centenas de metros. Era o mais antigo do país, muito diferente daquele onde tinha estado antes.

As diversões, apesar de acabadas de pintar com cores vivas, pareciam demasiado velhas para ainda funcionarem. Havia barquinhos, antigos, preparados para um circuito num tanque de chapa, que passava sob várias pontes. Os caminhos eram varridos por um soldado que fixava o chão, eram guardados por animais de cimento a tocarem acordeão e a sorrirem para ninguém. Eu avançava sozinho e afastava-me dos sons da multidão. Passei por um carrossel que, se funcionasse, faria girar cadeiras de baloiço, pernas esticadas no ar. Passei por carros de choque pintados com rostos de gatos, gatos de choque. Mais à frente, encostei-me a uma grade. Um homem restaurava os estofos de pequenos aviões ou naves espaciais. Tinha tirado alguns bancos de madeira forrados a napa e, antes de começar a compô-los, estava a endireitar pregos. Eram pregos pequenos que tinham sido tirados de algum lugar e que não podiam ser desperdiçados. Por isso, com o martelo, pequenas pancadas, endireitava-os um a um.

O barulho estava lá longe, a boa distância. Chegava apenas quando queria prestar-lhe atenção. Eu preferia reparar no trabalho minucioso daquele homem que segurava pregos tortos com a ponta dos dedos e que, após alguma dedicação, os colocava num montinho crescente de pregos direitos. Lá, junto do barulho, era demasiado garrido e, naquele momento da minha viagem, desnecessário. Preferia os pássaros e aquele martelar delicado. Como se me escutasse a respiração ou o pensamento, o homem levantou a cabeça, olhou para mim e sorriu.

Quando voltei a descer, acreditando que seriam horas de ir embora, a menina Kim insistiu que tirasse uma fotografia entre crianças vestidas com um traje folclórico de cetim. Todos os outros já o tinham feito. As crianças olharam para mim sem interesse. Como eu, também elas sabiam que não valia a pena recusar. Com a minha máquina, a menina Kim tirou-nos mais do que uma foto. Uma mulher, talvez professora ou treinadora, pegava nos braços das crianças e colocava-os à minha volta. Empurrava as crianças para cima de mim.

Entrei no autocarro a achar que, naquele dia, centenário de Kim Il-sung, deveríamos estar noutro lugar, menos encenado. Ao microfone, a menina Kim ensinava-nos a dizer "bom feriado". Estava eufórica, ria-se das tentativas que alguns faziam, ria-se de si própria, ria-se de tudo. Reparei que as ruas não tinham quase ninguém. Ao contrário de antes, estavam vazias. Às vezes, raramente, via-se um polícia sozinho numa esquina e mais nada.

Toda aquela gente tinha de estar em algum lado.

Pyongyang tinha cerca de 3,3 milhões habitantes. Não demorou muito até que os começasse a encontrar. De repente, milhares e milhares de pessoas todas a caminharem na mesma direção. O autocarro a avançar entre um mar de cabeças, debaixo de passagens aéreas de peões entupidas por gente de todas as idades a tentarem ir para um lado ou para o outro. À frente e atrás, camiões de caixa aberta carregados de pessoas que, claramente, vinham de outras cidades. Muito bem vestidas, com as suas melhores roupas pobres, olhavam para todas as direções. Admiravam-se com aquela enchente que, de facto, era incrível.

A menina Kim estava tão entusiasmada que parecia ter dificuldade de respirar. Pediu para não nos afastarmos muito uns dos outros e para memorizarmos bem o lugar onde o autocarro ficava estacionado. Apesar de não ter muito mais a dizer, demorou a dar estas breves indicações. Tinha um sorriso comovido que lhe dificultava a velocidade do discurso. Parecia que, a qualquer instante, o seu sorriso podia transformar-se em lágrimas. De felicidade.

Saímos no centro da multidão. Havia música nos altifalantes. Os homens estavam de fato ou com as suas melhores roupas. A maioria das mulheres usava vestidos tradicionais. Todas as crianças e adolescentes tinham o seu uniforme de pioneiros. Impressionava ver tanta gente com as suas melhores roupas. Muitos passavam com flores de plástico. Aquelas eram as flores que se agitavam nas grandes manifestações e celebrações de massas. Na televisão, faziam um efeito extraordinário. Ali, ao perto, eram umas estruturas pobres de arame, cobertas por folhas recortadas de sacos de plástico cor-de-rosa ou vermelhos. Muitas vezes, esses plásticos até estavam um pouco sujos, provavelmente devido ao tempo que passavam guardados. Na televisão, essa sujidade não se nota.

Também havia muita gente a passar com os aparelhos circulares que alternavam cores e que eram utilizados nos enormes mosaicos dos Jogos de Massas. Muitas vezes, as pessoas transportavam-nos em bolsinhas costuradas à mão que serviam apenas para levar esses aparelhos. Na Coreia do Norte, são aparelhos importantes, utilizados. De certeza que, em coreano, há uma palavra que os designa.

O grosso da multidão concentrava-se nos dois lados de uma estrada muito ampla. Como eu era bastante mais alto do que quase todos os coreanos, podia ver que, na distância, o número de pessoas ao longo da estrada não diminuía. Eu conhecia aquele cruzamento. Estava na rua Tongdaewon, tinha a ponte Okryu à direita e a Torre da Ideia Juche à frente. Diante das multidões que esperavam, havia militares com uniformes novos. Estavam ali para organizar as pessoas nos passeios, mas não eram necessários. As pessoas organizavam-se sozinhas.

Também à espera, estava um grupo de rapazes e raparigas com instrumentos de orquestra ligeira. Como tantos outros objetos na Coreia do Norte, eram instrumentos antigos mas estimados. Tinham marcas da passagem do tempo, de alguns acidentes inevitáveis, mas estavam polidos e a funcionar mais ou menos bem. Então, atrás de mim, parou a música dos megafones, presos no topo de postes. Houve um minuto ou dois em que só se ouviu a mistura de vozes e o clamor daquela enorme multidão.

De repente, nas minhas costas, começou a ouvir-se uma formação de trombone, dois trompetes, saxofone, bateria e acordeão. Usavam uniforme militar, estavam sentados em cadeiras de campismo e tinham as pautas sobre o que parecia ser pequenas secretárias de escola primária. Alguns metros à sua frente estavam quatro microfones sozinhos. Quando terminaram de tocar, uma mulher com um enorme vestido brilhante aproximou-se de um desses microfones e disse algumas frases emocionadas. Nessa altura, já uma multidão formava um círculo à volta. Duas mulheres com vestidos idênticos ao da apresentadora chegaram aos microfones e a música recomeçou, acompanhada pela voz aguda, carregada de eco, das duas mulheres. Seguiram-se muitas formações de cantores, homens e mulheres. No espaço entre os cantores e as colunas, equilibradas sobre uma estrutura de ferros enferrujados, havia algumas pessoas a dançarem, nomeadamente uma menina com cerca de seis anos que, de certeza, já tinha ensaiado muito. Os outros batiam palmas desencontradas.

Passou talvez meia hora. A música terminou. Os cantores afastaram-se. Os músicos levantaram-se das suas cadeiras desdobráveis. Ouviu-se uma voz nos altifalantes e toda a gente se dirigiu para a berma da estrada. Para um lado e para o outro, as carrinhas de propaganda com altifalantes no tejadilho.

Começaram a passar os primeiros camiões.

Seguiam em marcha lenta, carregados de soldados que agitavam os braços para o público e gritavam. O público gritava de volta, agitando os braços e ramos de flores de plástico.

Eu estava sozinho entre essas pessoas. Sentia os gritos das crianças, em coro, a atravessarem-me. Eu estava na Coreia do Norte. Muitas vezes, ao longo de todos os dias dessa viagem, esta verdade acertava-me com força:

Estou na Coreia do Norte.

Essa era uma constatação intensa. Senti-a muitas vezes quando olhava pela janela de qualquer um dos hotéis onde estive, quando olhava algumas pessoas de frente. Ali, rodeado de norte-coreanos a empurrarem-me para se chegarem mais à frente, a gritarem à passagem de camiões cheios de militares, debaixo da uma voz emocionada que narrava um longo texto heróico nos altifalantes, ali, foi onde senti essas palavras de forma mais arrebatadora.

Às vezes, havia uma ou outra pessoa que se interessava por mim e me olhava, mas não se detinha muito. Havia imagens mais interessantes a acontecer. Pude descansar um pouco dessa fadiga invisível que tinha colada à pele.

Depois, passaram jipes com canhões atrelados, tanques de guerra de vários tamanhos, com as lagartas de aço a agarrarem-se com estrondo ao alcatrão. Chegavam da praça Kim Il-sung, onde passavam diante da tribuna de Kim Jong-un. Todos traziam bandeiras do país ou do partido.

Eram máquinas enormes, de aço.

Sem nenhuma quebra no entusiasmo, foi assim durante cerca de duas horas. Entre todos os veículos de guerra que passaram, carros blindados de ataque ou de defesa, mais artilharia do que eu imaginava existir, havia alguns que se notavam serem antigos e que se deslocavam com dificuldade. Um sinal disso era o volume de fumo que lançavam. Em certa altura, havia muita gente a proteger-se com lenços e, mesmo assim, não conseguiam aguentar e tinham de se afastar.

No fim, a fechar o desfile, passaram seis enormes camiões com mísseis intercontinentais. Foi a primeira vez que a Coreia do Norte mostrou armas desse tipo.

Perante a intensidade daquele desfile de armas, perante a promessa de destruição contida em cada uma delas, perante as vozes roucas dos militares a gritarem do cimo dos tanques, das crianças a gritarem entusiasmadas durante tanto tempo, regressei ao autocarro bastante sentido com o que tinha acabado de testemunhar.

Através de ruas inundadas de gente, o autocarro avançou em silêncio absoluto até ao restaurante que nos esperava.

Naquele dia, fizemos parte do primeiro grupo de estrangeiros, que não foram convidados pelo governo ou que não eram jornalistas, a assistir a um desfile militar na Coreia do Norte.

Depois de tantas horas a ver carros de combate blindados, terminamos o almoço mais tarde do que o costume e fomos diretos para o Palácio das Crianças, em Mangyongdae.

Já tinha ouvido falar destes edifícios que se desenvolveram a partir dos Palácios dos Pioneiros, na União Soviética dos anos 1930, tendo mais tarde sido introduzidos na China e, depois ainda, na Coreia do Norte, onde foram construídos nas principais cidades. Em Pyongyang, havia dois.

Das três às seis da tarde, as crianças começavam a chegar ao seu palácio para desenvolverem atividades extracurriculares na área da música, do desporto, da informática, das línguas estrangeiras, da pintura, da dança, entre outras. A menina Kim, expedita, contava que o edifício fora desenhado com inspiração nas mães. As alas representavam os braços de uma mãe, sempre pronta a abraçar os filhos.

Depois de corredores altos de mármore, chegamos a um auditório imenso onde, acredito, estavam todos os estrangeiros em visita a Pyongyang. Aquele dia, o aniversário do grande líder, concentrava o maior número de visitantes estrangeiros na Coreia do Norte. Alguns vinham em períodos de dois dias. A maioria fazia visitas de cinco dias.

Depois de uma menina de voz aguda, seguiu-se um espetáculo de música e dança com muitas dezenas de crianças. A orquestra de crianças, no fosso, acompanhava um coro imenso de outras crianças com roupas novas, de cores vivas, a ondularem os braços nas notas sustentadas. No meio das músicas, havia gravações de pássaros e alguns seguravam balões perfeitos. Essa era a estética do que assistíamos.

O palco nunca estava vazio. Quando um número começava a chegar ao fim, já o seguinte começava noutro ponto do palco imenso. Os microfones subiam sozinhos, automáticos, a partir do chão.

E todos faziam uma vénia exatamente ao mesmo tempo, sem qualquer hesitação, apesar de alguns serem muito pequenos. Todos entravam e saíam ao mesmo tempo, sem falhas. As coreografias tinham uma simetria absoluta, ao detalhe. Mesmo quando se tratava de grupos a cantar, se um mexia a mão, todos estavam a mexer a mão ao mesmo tempo, se um se virava para um lado, todos estavam a virar-se para esse lado. Adivinhavam-se as horas de ensaio. Impressionante solo de flauta, incrível bailarina, extraordinário ginasta.

Mas, de novo, depois do impacto do desfile militar, pareceu-me que tinham arrumado todos os estrangeiros ali. Estavam a entreter-nos.

A seguir, fomos ao circo. Apesar da importância que tem o circo na Coreia do Norte, da enorme tradição de equilibristas, trapezistas e malabaristas; apesar de ter assistido pela primeira vez a um urso a andar de patins, senti que, de novo, nos estavam a arrumar na arrecadação. Parecia-me ler essa mesma frustração no rosto da menina Kim. O senhor Kim, com a sua expressão conformada, era mais discreto.

Enquanto jantávamos, vimos imagens do desfile militar a que assistíramos tal como tinha passado pela praça Kim Il-sung. Os norte-coreanos do restaurante olhavam com deferência para Kim Jong-un, o respeitado líder, adjetivo que lhe foi atribuído e que o designava. Enquanto os veículos de guerra passavam, ele falava com generais que o rodeavam e apontava. Às vezes, ria-se.

Quando voltei a olhar para o ecrã, já tinha começado a transmissão em direto do fogo-de-artifício ao longo do rio Taedong.

Mesmo na televisão, impressionava. Após quinze ou vinte minutos, era muito evidente o quanto era uma pena estarmos tão perto e tão longe de algo tão grandioso.

Não sei como tomaram essa decisão imprevista. Sei que, de repente, a menina Kim e o senhor Kim disseram que, se queríamos ir, tínhamos de sair naquele momento. Ninguém ficou para trás.

Alguns minutos depois, o autocarro estava estacionado ao lado do Grande Palácio Popular de Estudos. Como única indicação, disseram para regressarmos quando o fogo-de-artifício terminasse.

Depois de tudo o que passamos, tínhamos ganhado a confiança dos nossos guias.

O meu coração existia dentro de mim. Todas as luzes estavam apagadas. Corri sozinho na direção do rio Taedong. Havia milhares e milhares de pessoas nas suas margens. Através do negro opaco, passava entre elas. A única claridade vinha do céu, da enorme quantidade de foguetes que rebentavam havia quase uma hora ao longo de quilómetros de rio. Mas ali, ao meu lado, na escuridão total, ninguém baixava a voz ou o olhar quando me via, a minha presença não era sentida. Durante aqueles minutos, fui norte-coreano. Houve mesmo pessoas a dirigirem-se a mim, a dizerem-me qualquer coisa, sem esperarem resposta. Isto, que parece pouco, foi tudo para mim, encheu-me. Esse foi o momento mais intenso que vivi na Coreia do Norte.

"Ouço e esqueço. Vejo e lembro. Faço e compreendo." Passeei estas palavras de Confúcio pela minha cabeça durante o tempo em que estive na Coreia do Norte. Carregavam um sentido misterioso que ganhava nova profundidade todos os dias. A partir de certa altura, quase me parecia que estas palavras explicavam tudo.

Na manhã em que estava no hotel Yanggakdo a fazer as malas pela última vez, a guardar *D. Quixote* entre camisolas dobradas e sujas, tentando assim poupá-lo a aborrecimentos na fronteira de saída, tinha a televisão ligada. Estavam a repetir o discurso de Kim Jong-un. Desde que fora proferido, já o tinham transmitido muitas vezes.

Com sete microfones à frente, o respeitado líder lia um texto em tom monocórdico, contrariando até a musicalidade da língua coreana. Nada do que dizia era novidade. Nessa altura, eu já sabia que repetiria o que o regime vinha dizendo desde o tempo do seu avô. Mas o simples facto de falar era incrível. Tinha voz. O seu pai, Kim Jong-il, em dezassete anos de poder absoluto, nunca falou em público. O povo norte-coreano apenas lhe ouviu a voz uma vez. No dia 25 de abril de 1992, antes de chegar ao poder. Disse:

Glória aos heroicos soldados do Exército Popular da Coreia!

A caminho da estação, ao passar de autocarro pelas ruas de Pyongyang, senti nostalgia e entusiasmo.

Nostalgia por saber que muito provavelmente nunca mais regressaria ali. Essa constatação confrontava-me com os limites da minha própria existência, com aquilo que não terei tempo de fazer ou de voltar a fazer ao longo do resto da minha vida. E, ao mesmo tempo, havia todas aquelas pessoas que continuavam ali fechadas, a ignorarem tanto, a quererem convencer-se de que vivem no país mais desenvolvido do mundo. Eu ainda olhava para essas pessoas. Eu sabia que continuaria a conseguir vê-las quando já estivesse muito longe. Mesmo agora, aqui, ainda me lembro delas.

Entusiasmo porque estava farto de tanto controlo, da lógica que norteava aquele culto, estava farto do medo. Sentia comichão na palma das mãos quando me lembrava que, após algumas horas, voltaria a ter o meu telemóvel e, sempre que quisesse, poderia telefonar aos meus filhos, enviar mensagens aos meus amigos. Tinha saudades da internet, da publicidade, do trânsito.

Naquele momento, a China era o símbolo da liberdade. Chegar à China significava chegar ao mundo livre.

O tempo passou.

O tempo passou até ao momento em que estava sozinho com um guarda de alfândega num vagão de comboio, parado na estação de Sinuiju.

O guarda estava a ver as fotografias da minha máquina. Nelas, tinha registado uma parte grande da memória da viagem. A expressão do guarda era severa mas, de repente, parou de passar as fotografias. Devagar, levantou o rosto e dirigiu-me um olhar limpo.

Ficou a fixar-me durante um instante longo, talvez uns cinco segundos que pareceram durar muito mais tempo, que foram suficientes para imaginar a razão para me olhar daquela forma, para sentir a tentação de desviar o rosto, mas resisti e devolvi-lhe exatamente a mesma dúvida.

Então, sorriu e estendeu-me a máquina fotográfica. Só assim.

A chegada a Dandong acontecia através de uma ponte que antes se chamava Ponte da Amizade Sino-Coreana e que, depois de 1990, muito mais prática, passou a chamar-se Ponte sobre o Rio Yalu.

Ao lado dessa, havia outra ponte. Estava incompleta, acabava a meio do rio, não chegava a atravessá-lo. Tinha sido destruída por ataques aéreos dos americanos em 1950. No dia seguinte, visitei-a, caminhei até onde terminava abruptamente: aço dobrado e rasgado pela força das bombas.

Mas isso foi no dia seguinte, naquela hora, eu olhava para os grandes cartazes luminosos em chinês. Ao mesmo tempo, tinha acabado de receber o meu telemóvel e esperava que apanhasse rede. Queria enviar mensagens escritas às minhas irmãs. Queria dizer-lhes que tinha saído da Coreia do Norte. Queria libertar o coração da minha mãe.

Despedi-me dos companheiros de viagem que seguiram para Pequim e apressei-me a sair da estação.

Atravessar a rua pode ser um prazer imenso.

Ninguém atrás de mim, nenhuma vigilância. Não se deve subestimar o valor de respirar fundo.

Em Dandong, aproveitei para comer com variedade e, à noite, fui a um bar onde uma banda, com guitarra elétrica e baixo, tocava música pop chinesa. Depois, fui a uma discoteca com as paredes e o teto completamente revestidos de luzes que mudavam de cor aleatoriamente, onde o DJ estava sempre a interromper a música eletrónica chinesa para dizer frases entusiásticas e onde toda a gente, eu incluído, dançava numa pista com molas por baixo que estava sempre a oscilar. Equilibrar-me em cima da pista já era uma forma de dança.

De manhã, fui correr. E passei por uma camioneta de caixa

aberta a vender tofu a peso, passei por um grupo de mulheres a fazerem exercícios com espadas, passei por trânsito caótico e infernal. Precisava desses estímulos. Ainda a transpirar, antes do duche com água corrente, agradeci esses estímulos, celebrei-os em privado, em silêncio, de olhos fechados.

Nessa manhã, andei num barco ao longo do rio Yalu. Toda a gente olhava para o lado norte-coreano com binóculos. Eu, que tinha saído de lá na véspera, olhava para essas pessoas a olharem. Também desinteressada, uma mulher de microfone preso à cabeça vendia notas norte-coreanas fora de circulação e bugigangas que carregava num tabuleiro: corta-unhas, lápis, carteiras, porta-chaves etc. Um guia explicava, em chinês, detalhes que não entendi sobre a Coreia do Norte. Enquanto o ouviam, toda a gente olhava na direção dessa margem.

Em Dandong, a Grande Muralha da China chegava mesmo à fronteira. Havia um ponto em que todos os turistas iam olhar para o outro lado. Era o ponto em que os dois países mais se aproximavam. Estavam divididos apenas por um pequeno leito de água com cerca de uns dez metros. A Coreia do Norte estava rodeada por uma vedação de rede e distinguia-se bem as pessoas que trabalhavam a terra do outro lado. Tinham um trator e, mesmo assim, vistas dali, de certeza que pareciam pobres. Talvez fosse esse o pensamento dos muitos chineses que tiravam fotografias.

Havia pequenas bancas a venderem ovos cozidos e imitações baratas dos emblemas de Kim Il-sung e de Kim Jong-il.

Subi a muralha. Na parte mais próxima da Coreia do Norte, por cinco yuans, podia olhar-se por binóculos. Havia uma fila.

Não experimentei. Para além da muralha, para mim, ainda era muito mais surpreendente as pessoas a andarem livremente, a carregarem garrafas de bebidas, a tirarem fotografias com telemóveis. Ou as crianças com brinquedos de plástico. Ou o à-vontade com que as pessoas falavam umas para as outras.

Saí de Dandong sozinho em direção a Pequim. Fui numa carruagem com duas mulheres e uma menina. Pareciam falar chinês corretamente. Até a pequenina, que foi a primeira a adormecer. A viagem durou uma noite, desde o fim de tarde à madrugada do dia seguinte.

Estive dois dias em Pequim, deambulei, mas só pensava em chegar a casa.

Já tinha começado a escrever este livro. Ele próprio uma viagem.

Quando cheguei a Portugal, abracei os meus filhos, a minha família, as pessoas que me são essenciais. Contei-lhes um pouco do que tinha visto e fui escrevendo estas páginas: palavra a palavra, atravessando as memórias dos lugares que tinha atravessado.

Propus-me a ir à Coreia do Norte e fui.

A força de uma realização como essa encurta bastante o mundo. Assim, logo no verão seguinte, no julho que sucedeu ao centésimo aniversário de Kim Il-sung, dei um passo grande para encurtar a distância entre mim e as pessoas que me são queridas. Fui aos Estados Unidos com os meus filhos e a minha mãe. Talvez um dia escreva um livro sobre essa viagem.

A minha mãe, acabada de fazer setenta anos, pouco depois de atravessar a rua de São João nas Galveias, no Alto Alentejo, estava em Times Square, Nova Iorque, e na Strip de Las Vegas. Em Los Angeles, fomos almoçar com o Chiwan.

Antes desse encontro, tinha sabido mais sobre a forma como os seus pais saíram da Coreia do Norte, com episódios que envolviam cicatrizes na testa que ainda hoje são visíveis, pessoas atadas a cadeiras, impedidas de partir e irmãos separados para sempre. Estar com os meus filhos, a minha mãe e o Chiwan a almoçar no bairro de Echo Park, em Los Angeles, foi como a resolução de um grande dilema. O meu mundo passou a fazer mais sentido. Acertei uma espécie de relógio que não mede apenas tempo.

E voltei dessa viagem com parte deste livro dentro de mim,

com estas palavras que ainda escrevo e com a paz necessária para continuar a escrevê-lo. Para chegar aqui.

Imagino o dia em que alguém tentará imaginar o que foi existir uma sociedade como a da Coreia do Norte. Nesse futuro, falarão daqueles 24 milhões de pessoas, contemporâneos deste instante, como uma daquelas curiosidades do passado: a construção das pirâmides, o quotidiano de uma cidade europeia da Idade Média.

Se, nesse tempo, depois de tudo isto, houver um estudante coreano que se interesse pela viagem de um português em 2012 ao seu país, gostava de dizer-lhe o seguinte:

이 글이 당신에게 잘 전달되길 바랍니다. 시간은 분노보다 항상 더 크다고 믿습니다.

하지만, 시간을 만드는 것이 기억이기 때문에 기억은 시간보다 크다고 믿고 싶습니다.

내가 글을 쓰는 바로 이 순간에도 일어나고 있을 당신의 조국의 아픔에 대해 잊지 말라고 부탁하고 싶습니다. 이 글을 통해, 아직은 희미하게 보이는 그림을 보고 이해하는 데 도움이 되길 바랍니다.

이와 관련해 말하자면, 당신의 시간은 이곳에서의 시간보다는 더 유리합니다. 당신이 처한 그 시간을 바꿀 수 있더라도 말입니다.

진실에 대한 나의 실패를 용서해 주시기 바랍니다. 더 잘 파악할 수가 없었기 때문입니다. 이제, 당신이 시간은 항상 분노보다 크다는 것을 확신하며 평온하게 미소 짓기를 바랍니다.

Estas frases foram traduzidas pelo Chiwan com a ajuda da sua prima que é professora de coreano na Universidade do Havaí.

Peço a quem não entende coreano, como eu, que não fique ofendido. Estamos rodeados de tanto que não entendemos. Um momento como este talvez seja uma oportunidade de apreciar o alfabeto coreano. Talvez seja mais interessante do que olhar para ele e rejeitá-lo logo apenas porque não se entende, apenas porque é diferente. Mais útil é olhar para ele, querer vê-lo. Fazer um esforço legítimo para entendê-lo. Um momento como este talvez seja uma oportunidade de acreditar naquilo que se lê num alfabeto que não se conhece.

Já o possível estudante coreano do futuro terá outras questões para refletir. Deixemo-las para o seu tempo.

"Um bom viajante não tem planos fixos nem a intenção de chegar", são palavras de Lao Tsé, que viveu no século sexto antes de Cristo.

É tão fácil comparar a vida com uma viagem. Faz tanto sentido.

Viagem ou vida, chegamos sempre aqui. Como se estivéssemos no alto de uma montanha, podemos olhar em volta. Aqui é o lugar onde tudo acontece. Há serenidade nesta certeza. Tens o dever livre de aproveitá-la.

Se estás a ler estas palavras é porque estás vivo.

ESTA OBRA FOI COMPOSTA PELA SPRESS EM ELECTRA E IMPRESSA EM OFSETE
PELA PROL EDITORA GRÁFICA SOBRE PAPEL PÓLEN SOFT DA SUZANO PAPEL
E CELULOSE PARA A EDITORA SCHWARCZ EM AGOSTO DE 2014